光文社古典新訳文庫

歎《たん》異《に》抄《しょう》

唯円著・親鸞述

川村湊訳

kobunsha classics

光文社

Title : 歎異抄

Author : 唯円・著　親鸞・述

目次

歎異抄《たんにしょう》

訳者まえがき

『歎異抄《たんにしょう》』は、浄土真宗の開祖・親鸞聖人《しんらんしょうにん》の言葉を、弟子の唯円《ゆいえん》がその死後に、聖人の教えが歪められ、異なったものになってゆくことを憂え、歎じて、それを正すために書いたものといわれています。親鸞聖人の言葉を、耳に遺《のこ》るものとして直接話法で書いた部分と、その教えと異なった〝現状〟の異論、異端の説に唯円が反駁《はんばく》している部分とからなっています。

親鸞聖人の教えは、法然《ほうねん》が始めた専修念仏《せんじゅねんぶつ》の浄土門の教えを、もっと庶民的に、一般人に向けて押し広げたものです。難しい仏教の経文《きょうもん》や解釈を勉強し、困難で厳しい修行の末に、ようやく悟りを開いて、覚者《かくしゃ》、ブッダ、如来《にょらい》の存在する浄土《じょうど》へ行くことを「往生《おうじょう》」といい、そうした境地に達することを目指して修行することを菩薩《ぼさつ》行《ぎょう》といいます。しかし、一部のきわめて学問熱心な僧侶や、荒行にも耐えうる克己《こっき》心《しん》を持った修行僧にしか、そうした往生が可能でないとしたら、一般庶民としての

「凡夫《ぼんぷ》（普通の人）」には、往生は絶対的に無理ということになります。

浄土門の教えは、『浄土三部経』（『無量寿経《むりょうじゅきょう》』『観無量寿経《かんむりょうじゅきょう》』『阿弥陀経《あみだきょう》』）に書かれている、阿弥陀如来がまだ菩薩行の修行時代に、自分自身が悟りを開いた「ブッダ」になるための願い――「本願《ほんがん》」として、「ありとあらゆる人々（「衆生《しゅじょう》」といいます）が、本当の悟りを開いて、真実の往生を遂《と》げるまでは、私もブッダ＝覚者＝如来になることはない」と誓った言葉に絶対的に帰依《きえ》することで、学問や修行や戒律を守るといった、普通の人にとって実行するには難しい方法ではなく、易《やさ》しい方法（易《い》行《ぎょう》）として、「南無阿弥陀仏」（当時は「ナモワアミダブチ」と発音しましたが、現在では、「ナムアミダブツ」と発音します。これが訛《なま》って「ナンマンダブ」「ナンマンダ」となりました）と、「阿弥陀如来に帰依します」ということだけを称えればよいというものです（「南無《ナーム》」は帰依《きえ》しますという意味の称《とな》え言《ごと》。サンスクリット語＝梵語に由来します）。

親鸞聖人の教えは、法然聖人の、ただひたすら「南無阿弥陀仏」と称名《しょうみょう》すればよいという浄土宗の教えからさらに先に進み、すべて自分の力で行う修行や持戒《じかい》（戒律を守ること）を否定して、完全な「他力《たりき》」（反対語は「自力《じりき》」）、すなわち一心に「阿弥陀如来」の救いを願うことだけに専念するというもので、善行を積むとか、悪行を行わないといった一般的な道徳や倫理からも超越したものなのです。

だから、親鸞聖人は、当時の仏教僧としてはタブーであった「肉食妻帯《にくじきさいたい》」、すなわち動物や魚の肉を食べたり、女性と結婚したりするということを禁じた教えに反し、それらのタブーを排することを自ら実践したのでした。

親鸞聖人は、阿弥陀如来の「本願」に絶対的に帰依する「浄土真宗」の教説をまとめた『教行信証《きょうぎょうしんしょう》』という主著を遺《のこ》しました。これはさまざまな仏教教典から博引旁証《はくいんぼうしょう》し、先人たち（曇鸞《どんらん》、法然など）の教説を解釈した難解な思想書ですが、同朋《どうぼう》（信仰を同じくする者たち）の信者たちには、そうした経文のエッセンスとしての口語的な「和讃《わさん》」を称えさせ、さらに弟子たちには、平易な口調で、その「悪人正機説《あくにんしょうきせつ》」などの浄土真宗の根幹となる教えを説きました。それが、『歎異抄』として残ったものので、現在伝わっているもっとも古いテキストは、浄土真宗の中興《ちゅうこう》の祖《そ》といわれる蓮如《れんにょ》が書写したものです。

本書は、庶民の耳に届くように、当時の口語調で記録された『歎異抄』を、関西弁風の思いっきり砕《くだ》けたスタイルで現代語訳したものです。

歎異抄

序

ひとに聞かせられへんアホなことばかり考えているワテ（唯円）ですけど、昔のことや今のことを思うてみるにつけても、先師・親鸞聖人《しんらんしょうにん》のいわはったという教え（＝口伝《くでん》）が真《まこと》の信心と異《こと》のうてきたのを歎《なげ》いとります。後《あと》で学んで後《のち》に続こうとしなはる人の疑惑があるんやないかと思えてならしまへん。うまいことに縁ある人に教えてもらわな、アンキな易《やさ》しいやり方（＝易行《いぎょう》）の仲間に入られへんのやないか。まったく自分の思い込みだけで「ひとまかせ（＝他力本願）」の宗旨《しゅうし》を乱してはあきまへんのや。亡くなりはった親鸞聖人のいわはった御物語《おんものがたり》のおもむきを、耳の底に残ったままのもんを、ちょっとここに書いてみようと思うとります。ただただ同じ信心を行う人々の、不審な心を晴らすためのもんにほかなりまへん（ということです）。

一

アミダ（阿弥陀）はんの誓いの不思議な力に助けてもろうて、極楽往生《ごくらくおうじょう》は、こりゃあ、間違いなしと信じて、「ナンマンダブ（南無阿弥陀仏）、ナンマンダブ（南無阿弥陀仏）」と、よう、となえようと思う心が起こったときには、もうすでにお助けにあずかり、アミダはんにお引き受けいただき、（もう）捨てられまへん（＝摂取不捨《せっしゅふしゃ》）というご利益《りやく》にあずかっとるんや。

アミダはんの本願（ブッダになるための願いのことや）には、年寄りやの、若いやの、善《え》え奴やの、悪い奴やの、一切合切《いっさいがっさい》の違いなど無《の》うて、ただ信心だけが、肝心なんや。なんせ、どうしょうもなく悪い奴、罪深うてしょうむない奴らを助けてやろうちゅう願かけなんやからな。そやから、アミダはんを信じとれば、ほかに善《え》えことを無理にしょうなんてことも要《い》らへんのや。「ナンマンダブ」の念仏にまさる善《え》えことなんぞ、ほかにあらへんのや。悪いことかて、恐るるに足らずや。アミダはんの本願を邪魔する以上の悪なんか、ほかにあるはずもないんやから（といわはりました）。

二

おうおう、みなさんは、常陸《ひたち》の国から十いくつもの国の境目《さかいめ》を越えて、こんな遠くによう来なはったのう。身のわずらいや命のさわりも、ものともせんで、この愚禿《ぐとく》親鸞のところへ来なはったのは、ただただ、一途《いちず》に極楽往生の道を聞こうと思うてのことやろなあ。そやけどなあ、ワテが、「ナンマンダブ」の念仏の道以外に、往生（永遠に極楽にいることや）はどないしてやるんか、あるいは、ありがたいお経の文句や秘密の教えなんかも知っとるんやないかと、そないに思うていやはるんやったら、そりゃあ、ごっつう間違《まちご》うとるといわずにはおられまへん。
もし、そないやったら、いわゆる南都《なんと》北嶺《ほくれい》の、興福寺《こうふくじ》や東大寺《とうだいじ》、延暦寺《えんりゃくじ》や三井寺《みいでら》には、物知りのエライさんの坊主たちが、おおぜいいてはるから、聞いてみなはれ。

そんな人々にも会《お》うて、往生の肝心《かんじん》カナメのところを、ようく聞きなはれ。

この親鸞には、ただ「ナンマンダブ」と念仏して、アミダはんに救うてもらいなはれちゅう、法然《ほうねん》聖人はんの教えてくれはったことを信じとるだけで、別に、ほかにはなあんにも仔細《しさい》な理由はあらしまへん。「ナンマンダブ」ちゅう念仏は、まっこと、浄土に生まれ変わるタネになるのやら、また地獄に堕《お》ちる業《ごう》（前世や現世の行いのこと や）となるんか、どっちがどっちやら、ようわかりまへんのや。

たとい、法然聖人にだまされ、すかされて、念仏したおかげで地獄に堕ちたとしても、後悔するつもりはあらへんのや。なんでやいうたら、「自分たのみ（＝自力本願）」でいっしょうけんめいに修行して、そいでホトケはんになれるいう身の上やったら、「ナンマンダブ」と念仏することで地獄に堕ちたいうなら、だまされた、すかされたちゅう後悔もするんやろうけど、どないなことをやっても、ダメちゅう身のほどなんやから、まあ、地獄の一丁目住まいは決まったも同然のもんや。

アミダはんのどんなしょうむない奴でも救うてやろういう本願《ほんがん》がホンマやったら、おシャカさまのいわはったこともウソやあらへんやろし、おシャカさまがいわはったことを書いとるお経《きょう》がホンマやったら、善導《ぜんどう》(=中国の浄土門の偉い坊さん)はんのいわはったことはウソやデタラメじゃあらへんやろし、善導はんがホントのこといわはったんなら、法然はんのいわはったこともホラではあらへんはずや。法然はんがいわはったんがホンマやったら、この親鸞がいうたことも、まったくのウソやホラではないはずや。まあ、結局のところ、ワテの信心ちゅうのは、こんなものや。これ以上いうても詮《せん》ないことやで、念仏を信じて「ナンマンダブ」をとなえるんか、またはやめてしまわはるのか、それもこれも、みいんな、あんたがたの心次第や(といわはりました)。

三

善《え》え奴が往生するんやさかい、ましてや悪い奴がそうならんはずがない。世間のしょうむない奴らは、悪い奴が往生するんなら、なんで善《え》え奴がそないならんことあるかいなというとるけど、なんや理屈に合《お》うとるようやけど、それは「ひとまかせ

（＝他力本願）」ちゅうモットーにはずれとるんや。

つまり、何でも自分の力でやろう思うとる奴は、「お願いします」ちゅう気持ちの欠けてる分だけ、アミダはんのいわはる誓いと違《ちご》うとる。けども「自分たのみ（＝自力本願）」という心を入れ替えて、まあ「あんじょう頼んます」と願《ねご》うとれば、ホンマもんの極楽行きも間違いなしやで。

アホで悩みっぱなしのワテらは、いくら何をやったところで、悟りなんかひらけるもんかいな。それを見越してアミダはんが、可哀想なやっちゃ、こらあ、いっちょう救ったろかいなと、願かけしてくれはったんや。悪い奴を往生させたるというのやから、「ひとまかせ」で「お願いしますわ」と一途《いちず》に思うとる悪人が、いちばんに往生してしまうんは、理屈に合うとるわけやな。

そやから、善え奴でさえ往生する、ましてや悪人が往生するいうのは当たり前のことやないかいな、と（法然はんは）いわはりましたんや。

四

人に慈悲《じひ》をかけるちゅうことには、自分で悟りをひらいてホトケはんになるのんと（聖《しょう》道《どう》の慈悲というのや）、あんじょう浄土に迎えてもらうのんと（こっちは浄土の慈悲や）、ふたつの違いがあって、その入れ替わる変わりめちゅうもんがあるんや。聖道（自力でホトケはんになる道や）の慈悲ちゅうのは、いろんなものを憐れんだり、可哀想に思うたりして、面倒を見てやることや。そいでも、思うように世話して、助けてやるちゅうことは、難儀《なんぎ》なもんや。

そやから、さっさと浄土へ行って、そこでホトケはんになって、可愛いとか可哀想とかの気持ちで、思うたとおりにみんなにご利益《りやく》を与えて、助けてやるんが、浄土の慈悲ちゅうもんや。

この世の中で、どんなに可哀想やなあ、不憫《ふびん》やなあ思うても、みんな承知しとるように、人を助けるいうのはホンマに、えろう難儀なこっちゃ。だから、こないに可愛い、可哀想や思うても、そないな思いはなかなか首尾一貫せえへんもんや。そやから、「ナンマンダブ」と念仏することだけが、終《しま》いまできちんと面倒みたるという大慈悲心といえるのではあらへんか（といわはりました）。

五

親鸞は、自分のオカン（母）やオトン（父）の供養《くよう》のためには、いっぺんも「ナンマンダブ」と念仏をとなえたことはあらしまへん。なぜかちゅうと、一切の心あるもんは、これはこの世・あの世のオカンでありオトンであり、人間みんな兄弟やからや。みんながみんな、この世か来世《らいせ》か、あるいは再来世《さらいせ》か、またまた再々来世《さささらいせ》にホトケになってから救わなあかんもんやからや。

自分の力で「ナンマンダブ」いうて、オカンやオトンを救えるんやったらともかく、自分の力いうのを捨てて、いそいで浄土に生まれ変わって悟りをひらいたら、地獄《じごく》、餓鬼《がき》、畜生《ちくしょう》、修羅《しゅら》、人間《にんげん》、天上《てんじょう》の「六道《りくどう》」を輪廻《りんね》したり、胎生《たいしょう》（＝けものの類）、卵生《らんしょう》

「四生《ししょう》」（＝鳥、魚の類）、湿生《しっしょう》（＝カエルやヘビなどの類）、化生《けしょう》（＝化け物の類）の「四生」を繰り返して業苦《ごうく》の世界に沈んだとしても、自由自在の神通力《じんつうりき》で、まず人様を救済することを考えるべきや（といわはりました）。

六

念仏専門の人らが、ワテの弟子や、ヒトの弟子や、という口ゲンカをするほどみっともないものはあらへん。親鸞は、弟子は一人ももってはおらへん。なぜかちゅうと、自分の意志やはからいでひとに念仏させたんなら、ワテの弟子やいうことにもなろうが、ひとえにアミダはんのおぼしめしで念仏するようになったんやから、ワテの弟子やいうのんは、まったくもってオコガマシイこっちゃ。くっつくべき縁があったからくっつき、はなれるべき縁があったからこそ、はなれるちゅうのが当然のことで、師にたてついて、ほかんひとのところへいって念仏するんなら往生できへんぞ、なんぞいうのは、アホらしい話や。

アミダ如来《にょらい》はんにいただいた信心を、おれのもんやいう顔をして取り返そうなんていうのんは、ホンマにとんでもないことやで。自然の理屈いうもんがあって、それにかなえば、ホトケはんの恩も知り、また師の恩ちゅうものもわかるようになるんや（といわはりました）。

七

念仏する者《もん》は、邪魔《じゃま》もんなしの一本道や。なんでやねんと問うなら、天の神さんも、地の神さんも、信心を行《おこの》う者を、敬《うやも》うてくれはるから。魔界の悪魔や鬼も、人をたぶらかす外道《げどう》（人の道にはずれた教えや）の連中も、邪魔することはできへんからなんや。罪作りしたかて、その業《ごう》の報《むく》いを感じることがないし、念仏以上に善ちゅうもんなんか、あらへんのやからや（といわはりました）。

八

念仏は、それを行う者にとっては、「何にもやっとらん（＝非行《ひぎょう》）」であり、「善《え》えことは何もない（＝非善）」や。自分で意識的にやっとることやないのやから「何もやっとらん」ちゅうことやし、自分で意識的に「善《え》えこと」しようちゅうわけではないんやから、「善《え》えことなし」や。ただただ「ひとまかせ（＝他力）」で、「自分たのみ（＝自力）」ちゅうことから離れているさかい、「ナンマンダブ」というのは、「何にもやっとらん（＝非行）」「善《え》えことは何もない（＝非善）」というのや（といわはりました）。

九

「ナンマンダブ」と念仏をとなえても、躍《おど》り上がって喜んだりするような気持ちが、ちぃとも湧《わ》いてけえへんで、また、はよう浄土に行きたいいう心が湧いてけえへんのは、どないなわけかいなと、そんなふうに思うとるんですと、ワテ（唯円）がおそるおそる聞いてみたら「いやあ、この親鸞にもそないな不審があるんやけど、唯円房《ゆいえんぼう》も同じ心やったのか」と、いわはりました（以下、親鸞はんのお言葉や）。

よくよく考えてみれば、天に躍り、地に踊るほどに喜ばしいことを、あんまり喜べんちゅうのは、いよいよ往生は決まったもんやと思うべきことや。喜ぶべき心をおさえて喜ばんのは、悩みや煩《わずら》いのもとの煩悩《ぼんのう》ちゅうもののせいで、そやからこそホトケはんは、前からそのことをご存じやから、自分は「煩悩具足《ぼんのうぐそく》の凡夫《ぼんぶ》」、すなわち、あれもこれも悩みっぱなしの俗物や、といわはりましたのや。

「ホトケはんまかせ（＝他力本願）」は、こないなワテらのためにあるもんやと知れば、ますます頼もしく思えるやないか。また、急いで浄土に行きたいちゅう心がなく、ちょっと疲れたり、わずろうたりすると、「ああ、もうアカン」とか「死ぬ死ぬ」なぞと心細うなったりするのも、煩悩のせいちゅうこっちゃ。

ずっと昔からいままで生まれ変わり死に変わりしてきた、住み慣れたシャバ（娑婆＝この世）ちゅうもんは、やっぱり容易に捨てがたいもんで、これまで生まれた経験のないとこを、安楽の浄土やていうたところで、急に恋しくなるもんでもおまへん。まったくワテらはよくよく煩悩のかたまりちゅうやつやな。どんなになごりおしくとも、シャバの縁が切れ、命の力がつきたときが、まさにオダブツで、浄土行きになるはずや。ホトケはんは、いそいでオダブツしたくないちゅう奴を、ことに可哀想に思うてくださるのや。

それにつけても、ホトケはんの「大悲大願《だいひだいがん》」はたのもしいもんやないか。往生はもう決定的や。躍り上がるほどの気持ちがあり、急いで浄土へも行きたがるっちゅうのは、煩悩がないちゅうことで、それはそれで異常で、ふつごうなものやないか（といわはりました）。

十

念仏ちゅうもんは、「（何かを）やろう」という作為性（＝義）なしに「やる」ということなんや。それを何かと呼ぶこともできんし（＝不可称）、説明することもできんし（＝不可説）、考えたり論じたりすることもできん（＝不可思議）もんや、と聖人はんはいわはりました。

そもそも親鸞聖人が関東や北陸の田舎におらはったとき、同じこころざしを持っていはった人らが田舎から京都へおのぼりさんして、信心をひとつにして、未来の極楽往生を願うとりました。同輩たちは、同じ時に（親鸞聖人の）教えの趣旨《しゅし》を承《うけたまわ》ったちゅうのに、それらの人々に伴《ともの》うて「ナンマンダブ」いわはる若いもんや年寄りなど、そらあおおぜいいてはるなかに、親鸞聖人のいわはったこととは「違《ちご》うた考え＝異義」をいわはる人も近頃はようけおるんやということを、つたえきいておます。しょうむないことやけど、ワテ、唯円がそれを詳しゅう語ろうと思うとるんや。

十一

目に一丁字《いっていじ》もない無学なもんが「ナンマンダブ、ナンマンダブ」いうのに会《お》うて、

「お前は（アミダはんの）誓願《せいがん》のフシギな力を信じて念仏しとるんか、また名号《みょうごう》（＝ナンマンダブ」の言葉のことや）のフシギな力を信じとるんか」と、びっくりさせるようなことをいうて、この二つのフシギな力の違いについては何にもはっきりさせんと、人の心をまどわすようなことをいうのは、このワテ（唯円）のことばを聞いて、よくよく考えを深めて、すっぱりと止《や》めるこっちゃ。

誓願のフシギさによって、なるべく簡単で、となえやすい名号を考え出して、この「ナンマンダブ」ちゅう名字（＝仏の名号）をとなえるもんをば（極楽へ）迎えてやろうちゅうアミダはんの御約束があるさかいに、まず、アミダはんの大きなお慈悲の大願のありがたさにお助けいただいて、ようやく生きることや死ぬことから抜け出せるもんと信じることや。「ナンマンダブ」と申すのも、アミダ如来はんのおはからいと思うて、ちっとも自分の力なんか混じらんからこそ、アミダはんの本願に応じて、ほんまもんの浄土に往生することができるんや。これは誓願のフシギな力を信じることで、名号のフシギさ・ありがたさもいっしょにそなわるんや。誓願・名号のフシギさがいっしょになって、それで別に違《ちご》うたもんではないんや（同《お》んなじもんや）。

つぎに、自分の知恵みたいなもんをさしはさんで、善《え》えことと悪いこととのふたつを分けて考え、往生の助けになったり、さまたげとなったりするような、二つのことがあるちゅうように思うのは、誓願のフシギさを信用せんと、自分の心ひとつで往生の修行にはげんでみるちゅうことで、となえとる「ナンマンダブ」は、「自分たのみ」というこっちゃ。

こんな奴は、名号のありがたさやフシギさを、やっぱり信ぜん奴やなあ。信ぜんでも、なまけもんやうたぐり深い奴、ええ衆《し》のぼんぼんの行かはるような辺地（浄土の片隅のことや）ぐらいには往生するんは、アミダはんの、こんな奴らでも浄土に行かしてやってくださいちゅう「約束はたし（果遂《かすい》）の願《がん》」ちゅうもんがあるおかげで、これも名号のフシギなありがたさや。これもまた誓願のフシギさと同じもんなので、結局はひとつのものなんや。

十二

お経を読んだり、その解説書を読んで学問したりせんひとらは、あんじょう往生でけるかどうかわからへんという奴がおるんやけど、これはえろういいそこないちゅうこっちゃ。「ひとまかせ」ちゅうほんまもんの教えを説明するいろんな聖なる教えは、本願を信じて、「ナンマンダブ」いうたらホトケはんになれる、それ以外のどんな学問も往生の要《かなめ》であるわけなんかないやろ、ということや。ほんまにこんな理屈に迷うてはるような人は、ようけ学問して本願の主旨《しゅし》ちゅうもんを知ればええんや。お経を読んでも、学問をしても、聖なる教えのほんまの意味ちゅうもんをこころえられんいうことは、はあ、まったく気の毒なもんや。

目に一丁字《いっていじ》もない無学なもんで、お経のことも学問の筋道ちゅうもんも知らんものが、となえやすかろう思うて、「ナンマンダブ」ちゅう名号《みょうごう》がおわしますんやさかい、これを「易行《いぎょう》」、アンキで簡単なやり方というんや。学問で何とかしたるちゅうのは、聖道門《しょうどうもん》いうて、これは難行《なんぎょう》、ごっつう難しいやり方というんや。「間違《まちご》うて学問して、名誉や利欲《りよく》なんぞにしがみついとるひとは、今度生まれ変わったつぎの世での往生はどないなるかわからへん」という証文《しょうもん》（＝証拠の経文）さえあるちゅうことや。

最近は、ひたすら「ナンマンダブ」をとなえる専修念仏《せんじゅねんぶつ》のグループと、学問をする聖道門のグループとがおって、言い争い（＝法論《ほうろん》）をくわだてたことがあったのやけど、「ワテらのやり方のほうがすぐれとる、お前らのんは劣っとる」なんぞといわはるから、法敵《ほうてき》も出てくるし、教えを誇《そし》るやつも出てくるんや。これは、本当は、自分で自分たちの教えの首を絞めとるようなもんやおまへんか。

たとえ、いろんなグループが「ナンマンダブばかりいいよることはどうしょうもない奴らのためのもんで、そいつらの教えはあさましいもんや」いうても、別にあらそうこともなく、ワテらみたいなもともとゲスな凡夫で、目に一丁字もない無学なもんが、信じればお助け下さるいうから、「ああ、ありがたいこっちゃ」と受け入れたちゅうことで、これはええとこの生まれのひとにはいやしいもんでも、ワテらのためにはありがたい最高の教えなんや。

たとえ、いろんな意味でありがたい教えがいろいろあっても、ワテらにとってとても歯がたたんもんやったら、とうてい受け入れられまへん。ワテもあんたも生死の執着《しゅうちゃく》から離れるちゅうことが、いろんなホトケはんの御本意なんやから、ひたすら念仏するのに何のさまたげがあるかいな。憎たらしいちゅう気持ちがあれへんかったら、ひとに仇《あだ》するちゅうことがおますかいな。それに、「口争いなんてするところには、もろもろの煩悩が起こるんや。賢いもんはなるべく遠離《とおざか》るんがええ」いうた昔のひとの証文だってあるんやさかい。

故聖人・親鸞はんは、「この法をば信じるもんもおれば、誹《そし》るもんもおるやろな、ちゅうことをホトケはんがいわはったのやから、ワテはすでに信じとります。また、誹るひとがいるからこそ、ホトケはんのいわはったことが、本当のことやったと知ることができるんや。そうであれば、往生することはいよいよ一本道や思うて間違いあらへん。間違《まちご》うて誹るひとがおらへんことは、どんなに信じるひとがいても、おかしいと思わずにおられまへん。こないなふうにいうたかて、必ずひとに誹られんとアカンいうんやありまへん。前もって信じるもんや誹るもんもいるちゅうホトケはんの主旨をご存じで、『ひとが疑うことのないように』と説《と》かれはったことをいうとるんや」ということをいうてはりましたのや。

今の世には、学問をして、ひとが謗《そし》るのを止めさせ、もっぱら議論したり問答したりするように坊《ぼん》さんたちが心がけとられるようなんやけど、いよいよアミダ如来はんの御本意を知り、悲願の広く大きな主旨を承知して、「いやしい身分のワテらに往生なんか無理や」なんぞと危《あや》ぶんでいるようなひとに、本願ちゅうもんは、善《え》えとか悪いとか、綺麗やとか汚なくあさましいとかいうことは無いんやいう主旨を、よう説明して理解させるちゅうことが、学問するインテリさんの本分ということやないか。たまたまほかのことを何も考えんと、本願に相応《そうおう》するようにとひたすら「ナンマンダブ」と念仏するひとに、「学問せんことにはあかん」なぞと脅《おど》すようなことをいうのは、法の悪魔みたいな妨げなんや。ホトケの仇《かたき》や。自分だけが「ひとまかせ」ちゅう信心がないちゅうことだけやなく、誤《あやま》って他人さんの心も惑わすちゅうことや。せいぜい慎《つっし》むこっちゃ。先師の御心に背《そむ》くことなんやから。そして情けのう思うこっちゃ。アミダはんの本願に叶わんことやからな。

十三

アミダはんの本願をフシギな有り難い教えや思うて悪事を恐れんちゅうのは、それを「本願誇《ぼこ》り（本願のあるのをええことに、慢心することや）」というて、往生が叶《かな》えられへんことやといいはるのは、こらあ、本願を疑うちゅうことで、善悪というもんの宿業《しゅくごう》（過去の世からの報いのことや）いうことをこころえておらんからなんや。

善《え》えことしよう思うのも、宿業のもよおすためやし、悪いことをついつい考えてみたりするのも、悪の宿業がそうさせるちゅうことや。亡くなった聖人はんがいわはったのは、「兎《うさぎ》の毛や羊の毛の先のほんまに細かなちりほどの罪かて、宿業にあらずちゅうことはないと知るべきや」ということやった。

また、ある時は、「唯円房は、ワシがいうことを信じるんか」と、聞かはりましたので、「もちろんですわ」というたら、「そんならワシのいうことに絶対そむかへんか」と、重ねていわはりますから、「もちろん、つつしんで承知させてもらいますわ」というた。「ほな、たとえばひとを千人殺せいうて、そしたら往生間違いなしやいうたらどうする」と聞かはりました。「いやあ、いわはることやけど、一人かてワイの器量では殺すなんてことはできしまへん」と申しましたら、「ほんなら、さっきはなんで親鸞のいうことにそむきまへんいうたんや」ときついことばや。

これでわかるやろ。なにごとでも人や自分の心のままになるんやったら、往生のために千人殺せといわれたら、殺さんとあかん。そやけど、そんな業縁《ごうえん》はないので、一人かて害することはできしまへん。自分の心が善うて殺さんちゅうことではないということや。

また「害せえへんと思うても、百人千人を殺すことかてあるんや」といわはった。おっしゃったのは、ワイらの自分の心で、善いことは善い、悪いことは悪いと思うことやなしに、願のフシギさに助けられておることを、知らずにいるちゅうことの教えなんやなあ。

ちょっと前に、間違《まちご》うた考え（＝邪見《じゃけん》）に陥《おちい》ったひとがいて、「悪をつくったやつを助けなあかんいう願がおありやさかい、わざと好んで悪いことをして、往生の業《わざ》としよう」ちゅうことをいうたが、だんだん、それはケッタイな話やいうて評判になったとき、（親鸞はんが）お手紙のなかで、「薬があるというたからとて、毒を好むちゅうのはおかしなことや」とはっきりいわはったのは、そないなよこしまな考え（＝邪《じゃ》執《しゅう》）をやめさせようとしはったためや。まったく、悪ちゅうもんは、往生の妨げになるもんではないのや。

「戒律《かいりつ》を守るちゅうことだけで本願を信じてると思うとるようでは、ワテらはなんで生死の境を離れることができるかいな」ともいわはった。こないなあさましい身でも、本願におあいしたからこそ、ほんまに誇れるちゅうもんや。そないいうても、もともと身につかん悪業《あくごう》なんどは絶対に作れまへんのや。

また、「海や川で網《あみ》を引っ張ったり、釣りをして魚を獲《と》るもんも、野や山に猪《いのしし》や鹿《しか》なんぞを狩ったり、鳥を獲《と》ったりして口を糊《のり》しているもんたちも、商売をしたり、田畑を作って暮らしたりしているもんも、ただみんな同《お》んなじことや」と。「そないな業縁がもよおすならば、どんなことでもやってしまうもんや」と、聖人はんはいわはったんで、このごろは「かっこよく後生《ごしょう》を頼もうとするもんだけが、ナンマンダブと念仏するようにせんといかん」とか、あるいは念仏道場の前に張り紙して、「かくかくしかじかのことをしたもんは、道場へ入るべからず」なんぞというのは、ひとえに賢く、善人ぶって精進《しょうじん》してまっせ、というポーズを示しとるだけで、その中味は嘘っぱちで、スカスカや。

願を当てにして作ってしまう罪も、宿業のもよおすためや。そやから、善《え》えことも悪いことも、みんな業報《ごうほう》ちゅうことにまかせて、ただひたすら本願におすがりすることこそ「ひとまかせ」というもんなんや。『唯信抄《ゆいしんしょう》』ちゅう本にも「アミダはんにどんだけの力があるか、ほんまに知っていて、罪業《ざいごう》の身やから救われまへんと思うとるんか」とありますのや。

本願を誇る心があるからこそ、「ひとまかせ」の信心もしっかりと固まるというものやおまへんか。およそ悪業・煩悩をぜえんぶ断ち切って本願を信じるちゅうことであれば、本願を誇るちゅうことがなくてもええかもしらんが、煩悩を断ち切ればすなわちホトケはんとなり、ホトケはんになれるんなら五劫思惟《ごこうしゆい》（アミダはんの練《ね》りに練った考えのことや）ちゅう願そのものがムダなもんになってしまうのやあらへんか。

本願誇りを戒《いまし》めるひとびとも、煩悩や不浄《ふじょう》なもんがいっぱいあって足りんどころのハナシやあらへん。それは逆に願を誇っとるちゅうこととちゃうか。どないな悪を本願誇りいうて、どないなもんが悪を誇らんちゅうことなんか、そないな人たちはその区別をどうつけはるのやろうか。そんなんは、かえって幼稚な考えいうことやおまへんか。

十四

一ぺんだけ「ナンマンダブ」と念仏すれば、八十億光年ちゅうとてつもない長い時間に重ねた罪をいっぺんに無くすることができるということを信じるちゅうこと、これは「十悪《じゅうあく》（殺生《ころし》・偸盗《ぬすみ》・邪淫《いかがわしさ》・妄語《でたらめ》・両舌《にまいじた》・悪口《わるぐち》・綺語《うわべのことば》・貪欲《むさぼり》・瞋恚《いかり》・愚痴《おろか》）・五逆《ごぎゃく》（父殺し・母殺し・坊さん殺し・寺壊し・仏に危害を加える）の罪人が、日ごろは念仏せんで、命が終わろうとするときに、はじめて善《え》え指導を受けて、一ぺんだけでもナンマンダブと念仏すれば、八十億光年の間の罪が無《の》うなり、十ぺんも念仏申せばその十倍の時間に重ねた罪を無《な》くして、往生でける」といわれておる。これは十悪・五逆の罪の重たいことを教えるためのもんであって、一ぺんとか十ぺんとかいわはったのは、罪を無くするということのコトバのアヤみたいなもんであって、ワテら一向専修（浄土門）のほんまの教えにはまだ届いていないというべきや。

その理由は、アミダはんの光明に照らされておるからこそ、一ぺんでも念仏しようという気持ちが湧いたときに、ダイヤモンドみたいに堅い信心をいただくからや。そのときすでに絶対に悟りをひらけるちゅう境地に達しとるわけで、ましてや、命が終わればもろもろの煩悩や悪い妨げなんぞを転じて、もう怖いもんも疑いもないという悟りの境地に入ったということや。こないなアミダはんの悲願があるからこそ、こんなあさましい罪人がどないしたら生死の苦しみから脱《ぬ》け出すこと（＝解脱《げだつ》）ができるんやろと思うて、一生の間「ナンマンダブ、ナンマンダブ」と申す念仏は、ぜえんぶ如来はんの大悲への恩返しやで、その徳を有り難い、有り難いと感謝することや。

「ナンマンダブ」と念仏をとなえるたんびに、罪を滅ぼしていると信じることは、すでに自分自身で罪を消滅させて往生しようと励むということや。もし、そないなら、一生の間、思いに思うことがみんな生死の苦しみにつながるもんやさかい、命が尽きるまでずうっと「ナンマンダブ、ナンマンダブ」と念仏し続けんと往生でけんということになるやろ。

けど、業報ちゅうもんがあるさかい、どないなおかしなことが起きたり、また病気や苦痛に責められて「ナンマンダブ」という念仏をとなえるのも難しい状況になったりもするやろ。その間の罪はどないして消せるもんかいな。罪が消えなければ、往生はでけへんということかいな。

「（アミダはんが掌に）つかまえとって（決してワテら凡夫を）捨てへん（＝摂取不捨《せっしゅふしゃ》）」ちゅう願があるけど、これはアミダはんが、ワテらみんなを救いあげてくれて、一人も捨てへんちゅうことなんや。どないなことがあって罪業を犯しても、「ナンマンダブ」と念仏できんままにオダブツになっても、すみやかに往生を果たさせてやるちゅうことや。またおのずから念仏してしまうのも、ただ今、悟りをひらこうとする時期が近づくにつれて、いよいよアミダはんをお頼みして、ご恩返しをせなあかん、思うようになるちゅうことなんや。

罪を滅ぼしたいと思うのは、「自分たのみ（＝自力本願）」という心で、臨終《りんじゅう》の際に正しく念仏しなくちゃならんいう意志があるちゅうことで、それは「ひとまかせ（＝他力本願）」という信心が無《な》いということなんや。

十五

煩悩をいっぱい持ったまま、そのまんまですでに悟りをひらいとるちゅう教えのことやけど、これは、もってのほかの、とんでもないこっちゃ。

即身成仏《そくしんじょうぶつ》（生きたまんまのそのままの身でホトケになることや）ちゅうのは、真《しん》言密教《ごんみっきょう》（高野山《こうやさん》のことや）の教えで、三密行業《さんみつぎょうごう》（身で印を結び、ダラニをとなえ、ホトケはんを念ずる修行のことや）という修行の成果や。六根清浄《ろっこんしょうじょう》（眼、耳、鼻、舌、身＝体、意＝心の、六つの感覚器官をキレイにし、見たいとか食べたいとか聞きたいとか、そないな欲望の汚れを洗い落とす修行のことや）ちゅうのは法華経《ほけきょう》がいわはることで、四安楽《しあんらく》（体とコトバと意志において過ちをおかさず、悟りをひらくことをこころがけることや）の修行をすることの功徳《くどく》というこっちゃ。これはみいんな厳しい、キツい修行をして、それに耐えられる人のおつとめであって、よくよく心を落ち着け、ホトケはんや浄土のことをイメージ・トレーニングして悟りをひらくということや。

つぎの生で悟りをひらくちゅうのが、アミダはんまかせの浄土門の根本的な主旨で、信心が固まったときに、必ずそうなるもんや。これは、アンキな易しい方法であり、ダメなワテらのようなもんのできるつとめであり、善《え》え奴も悪い奴も、捨てられまへんという法なんや。

だいたいにして、今の生で煩悩とか悪い障《さわ》りなんぞを断ち切るなんちゅうことは、きわめて有難《ありがた》い（有ることが難《むずか》しい）もんや。真言や法花《ほっけ》（華）の修行をしてはるエラいお坊さんたちでさえ、そないな煩悩を持ったまんまホトケはんになるのやから、なおもって、次の生での悟りを祈るようなワテらが簡単に煩悩を断てまっかいな。

戒《かい》（戒律を守ることや）とか行《ぎょう》（修行）とか恵解《えげ》（頭で理解することや）とか、そんなもんと無縁のもんが、アミダはんのありがたい本願の船に乗せてもろうて、生死の苦海《くかい》を渡り、浄土の陸地に着かせてもうならば、煩悩の真っ黒い雲はたちまちに晴れ、真実の姿の明るい悟りのお月さんがすみやかに顔を出し、十方の妨げのない光《こう》明《みょう》は、あたり一面に照り輝くのや。一切の衆生《しゅじょう》をお救いくださるときこそ、本当の悟りというもんや。

この身のまんまに悟りをひらくとかなんたらいわはる人は、おシャカはんみたいにさまざまにヘンシンして、三十二相《さんじゅうにそう》（三十二種類の姿）とか八十随形好《はちじゅうずいぎょうこう》（八十種類の見目のよい姿）ちゅうのもそなえて、説法《せっぽう》したりして、みんなをお救いくださるというんのやろか。こんなのが、今の生で悟りをひらくちゅうことの見本なんや。

和讃《わさん》に、こういうのがあるんや。「堅い堅い信心がちゃんと定まったときに、アミダはんから出てくる光に包まれて、永久に生死を離れることがでける」。これは、信心が固まったときに、いったんお救いしていただいたら、簡単にはお捨てにならへんから、六道（天上《てんのくに》・人間《ひとのくに》・畜生《けもののくに》・修羅《ころしあい》・餓鬼《おにのくに》・地獄《じごく》）に輪廻するちゅうなんてことからおさらばや。そないなれば、永久に死んだり生きたりすることを免れるんや。こないなことを知るちゅうことを、悟りをひらくちゅうことにはぐらかしていうてええのやろか、ほんまにあわれなことや。

「浄土真宗は、今の世で本願を信じて、あの世で悟りをひらくと教えてもろうたんや」

と、亡くなりはった聖人はんもいわはりましたのや。

十六

信心の行者《ぎょうじゃ》は、おのずから腹を立てたり、口汚く罵《ののし》ったり、ともだち（=同朋《どうぼう》）やみちづれ（=同侶《どうりょ》）に会って口ゲンカしたりしても、必ず「悔《く》い改《あらた》め（=廻心《えしん》）」をするちゅうこと。これは悪を断じて、善を修《おさ》めるちゅうことや。

ひたすら念仏する一向専修《いっこうせんじゅ》の人は、「悔い改め」ちゅうことはたったいっぺんだけあるもんや。日ごろ、「ひとまかせ（=他力本願）」というほんまの教えを知らへん人が、アミダはんの知恵を分けてもろうて、もとの心ととっ替えて、本願にすがってお救いを願うことこそ、「悔い改め」いうものなんや。いちいちのことにつけて朝に一ぺん、夜に一ぺんずつ「悔い改め」なんぞすれば往生するなんていうても、人間の命ちゅうものなんぞ、吐く息を吸うまでの一瞬の間も待たんでお終《しま》いになるもんや。そやから「悔い改め」もせんでいつもニコニコして我慢強い（＝柔和忍辱《にゅうわにんにく》）という境地に至らへん前に命が尽きてしもうたら、「つかまえとって決して捨てへん（＝摂取不捨）」ちゅうアミダはんの本願はむなしゅうなるちゅうことやおまへんか。

口先では「願力におすがりしてます」いうても、心のなかでは「そんなに悪いやつを助けたるという願はフシギでありがたいことやけど、そないいうてもやっぱし、善《え》え奴をきっとお助けになるんやないか」と思うて、願力を疑《うたご》うて、「ひとまかせ＝他力」にお頼みする心を欠いて、片隅の浄土（＝辺地の浄土）にしか生まれへんことは、もっとも嘆かわしくお思いになるはずのことや。

信心さえしっかり定まれば、往生はアミダはんにすっかりお願いし、お頼みすることやから、自分がどうのこうの考えて、どうにもなるもんやおまへんのや。悪いことがあったとしても、ますますアミダはんの願力におすがりしてお頼みすれば、自然のことわりで温和で我慢強い心も出てくるちゅうもんや。

すべてのいろんなことにつけても、往生には賢《さか》しらな考えなど持たずに、ただほれぼれと、アミダはんのご恩がますます深いことをつねに思い出してみるべきや。そうすれば、自然と念仏も口から出てくるのと違いまっか。これが自然《じねん》の道理や。自分であれこれ考えないことを、自然ちゅうのや。これはすなわち「ひとまかせ（＝他力本願）」ということや。それなのに、自然ちゅうことが別にあるように、知ったかぶりをしてものをいう人がおられると聞いとりますが、ほんまにあさましいことやで。

十七

片隅の浄土に往生するという人は、ついには地獄に堕ちるに違いないいうこと。このことは、どういう証拠の経文《きょうもん》に見えることなんやろか。

学問をもっぱらにするインテリさんのなかで言い出されたことであり、あさましい教えいうことや。いろんな経論《きょうろん》とか解説や注釈をどないに考えてはるんやろか。

「信心の欠けた行者は、本願を疑うことによって、片隅の浄土にしか行けないが、疑ぐりの罪を償《つぐの》うてのちには、ほんまもんの浄土に行かはる悟りをひらく」いうことをワテは親鸞はんから聞いておりますのや。信心の行者ちゅうもんは少ないゆえに、仮の浄土に（まず）多く薦《すす》めて入らされるちゅうことであって、「ついにムダになってしまう」なんぞとインテリさんみたいにいうのは、如来はんが嘘いつわりをいわはったことにしてしまうんやおまへんか。

十八

ホトケはんやお寺さんへのおフセが多い少ないで、大きなホトケや小っさいホトケになるんやいうのは、こりゃあ、ケッタイな説や。誰かがオモロイことでもいおう思うていい出したことやろ。まず、ホトケはんに大きいの小っさいのなんぞ、そないなことあらへんのや。

まず、ホトケはんに大きいだの、小さいだのと分量を決めようちゅうことが、あってはならんこっちゃないか。安養《あんよう》浄土の教主《きょうしゅ》はん（アミダはんのことや）がホトケはんのお体のことを申すのも、それはわかりやすい方便《ほうべん》の見かけちゅうもんや。ほんまの本性という悟りをひらいて、長いの短いの、丸いの四角いのいう形や、青いの・黄色いの・赤いの・白いの・黒いのいう色なんかも無《の》うなれば、なにによって、大きいの小さいのちゅうことを決めるんかいな。念仏をとなえるときに、ホトケはんの仮の姿をイメージするちゅうことはあっても、大きな声の念仏には大きなホトケはんを見て、小さな声の念仏には、小さいホトケを見るちゅうんかいな。もしかして、こんな屁理屈《へりくつ》なんぞに、かこつけておるちゅうことかいな。

あるいはまた、大旦那《おおだんな》としてぎょうさんおフセを出すことかいな。いかにどれほど宝もんを仏前に投げ出そうとも、お師匠はんにほどこそうとも、信心が欠けておればまったくムダなこっちゃ。一枚の紙も、半文の銭《ぜに》も仏法のカタに入れなくとも、「ひとまかせ（＝他力本願）」の心を賽銭《さいせん》として投げ入れて、信心さえ深ければ、それが願の本意ちゅうものなんや。

すべて仏法にかこつけて、世間的な欲心があるために、お仲間を脅して、利益を巻き上げようちゅう魂胆《こんたん》なんや。

後記

これまでのことは、みんな信心が異《こと》のうていることから起こってきたものや。故聖人（親鸞）はんがいわはったことやけど、法然聖人はんがまだいてはるとき、お弟子はんたちが、ぎょうさんな数いてはるなかに、同じ御信心の人も少のうていはったからやろか。親鸞はんの御同朋のなかで論争があったいうことや。その原因は「善信《ぜんしん》（親鸞はん）の信心も、聖人（法然はん）の信心もひとつや」といわはりましたら、誓観房《せいかんぼう》とか念仏房《ねんぶつぼう》などといわはる御同朋たちが「もってのほかや」いうて口争いになったちゅうことや。「なんでやねん、聖人はんと善信房の信心がひとつのはずはないやろ」といわはるので、「聖人はんの御知恵や才覚は、それは広くていてはるさかい、ひとつや、いうたら間違いやけど、往生の信心ちゅうことに関してなら、まったく異なることなしや。同じひとつや」と、ご返答しなはったのやけど、なお

「なんで、そないなことになるのんや」と疑問や難詰《なんきつ》があったんや。

結局、聖人はんの前でどっちが正しいのか決着をつけようちゅうことになったんや。この仔細を申し上げたら、法然聖人はんがいわはるには「源空《げんくう》（法然）の信心も、如来はんからいただいた信心や。善信房の信心も如来はんからいただかはった信心やさかい、ただひとつのもんや。別の信心ちゅうことをいわはる人は、源空が参るはずの浄土には、絶対に来やはらへんやろな」といわはった。今頃の、一向専修の人々のなかにも、親鸞はんの御信心と自分の信心が同じひとつのものやないと思うとる人もおる。いずれもいずれも、くだくだしい繰り言《くりごと》やけれど、書き付けておくのや。

ぽつんと露の一滴《いってき》がほんのちょびっと枯草みたいな身にかかっておるような命やからこそ、いっしょにこれまでやってきてはる人々に、おかしなことやと不審感を持たれることもあるので、（親鸞）聖人はんのいわはったことのおもむきをも、こないに書いてみたのや。ワテが両眼をつぶってしもうた後は、こないにわやくちゃなこともぎょうさん出てくるんやないかと思うと、嘆かわしいことや。

こんなようなことを、口々にいいあってはる人々は、言い迷わせせられることのある場合は、故聖人の御心に叶うておる御聖教《しょうぎょう》などを、よくよく読んでみはることや。

およそ、聖教には、ほんまのことと仮《かり》のことがあい混じり合《お》うておる。見かけだけのもんを捨てて、マコトのもんを取り、仮のもんを捨ててホンマのもんをもちいることこそ、聖人の御本意というもんや。念には念を入れて、ぜひとも注意して、聖教をごちゃごちゃに乱さんことが肝心なんや。

大切な証文を少々抜き書きしたようなもんやけど、これを目安にして、こんなもんでも参考にしてもらいたいと思うております。

親鸞聖人はんがいっつもいうていやはったのは、「アミダはんの長い間考えに考えはった願ちゅうものをよくよく考えてみれば、「こりゃあホンマにこの愚禿親鸞ひとりのための願いちゅうてもええほどや。そやから、ぎょうさんの業《ごう》を抱えとる身であるのに、それを助けようと思うてくれはる本願がどないにありがたく、かたじけないこっちゃないか」と、しみじみと御述懐《ごじゅっかい》されはったのや。

あらためて今また考えてみれば、善導はん（＝中国の偉いお坊さん）の、自分らはこれまさに罪悪まみれ、生き死にに、じたばたしとる俗人で、はるか昔から今までつねに沈みつねに流されっぱなしで、迷いから離れるなんてことに縁のない身のほどやいうことを知れちゅう金言に、まったく異なるところのない身なんや。

そやから、アミダはんはわが身に引きつけて、ワテらが身の程の罪悪の深さも知らず、如来はんの御恩の高いことを知らへんで迷うておるのを、思い知らせてやろうとなさったんや。

まことにアミダ如来はんの御恩ちゅうものを考えることなく、ワテもあいつも善《え》え奴とか悪い奴とか、そんなことばかりいうておるんや。聖人はんのいわはったことには「善悪のふたつとも、どっちもどっちも知らへん」ということや。そのわけは、如来はんのお心に良しと考えていやはることを全部知っておるというのなら、良《え》えことを知っとるというてもええし、如来はんが悪いと考えはっとることを知っとるというなら、悪いちゅうことも知っとるということになるのやけど、悩みっぱなしのワテらのような俗人にとって、火事場でウロウロしとるようなはかないこの世で、いろんなことは、全部むなしいそらごとやたわごとで、真実のものなんかありゃせんのや。ただ「ナンマンダブ」ちゅう念仏だけがホンマもんやといわはりましたのや。

まことにワテもひともそらごとばっかりいい合うているようななかで、それにしてもひとつ心の痛むことがあるのは、念仏をとなえることについても、信心がどうやこうやとたがいに口争いをし、ひとをいい負かそうと人の口をふさぎ、口ゲンカに勝とうとするために、（親鸞聖人が）まったくいわはってもないことをいわはりましたと主張することや。あさましゅう、嘆かわしいことや。

このことの意味をよくよく思うて解釈し、こころえておくべきことや。これはけっして唯円がでっちあげた「（自分だけの）わたくし」の言葉ではないにしろ、お経や注釈のあらすじも知らず、仏法の文句の浅いのやら深いのやらも心得ておらんもんのことやから、きっとおかしいこともあるのかも知らんけれど、昔の親鸞はんのいわはりましたことのおもむきを百分の一ほどの断片を思い出して書きつけましたんや。悲しいことは、幸いなことに「ナンマンダブ」ちゅう念仏に出会《でお》うても、じかに極楽に生まれずに、その片隅にしかいられへんことや。同門の念仏者たちのなかに信心が違《ちご》うてしまうことのないように、筆に墨をつけてこれを書きしるしてみましたんや。なづけて「歎異抄」ということにする。ほかの人に見せたらあきまへん。

流罪目録

後鳥羽院《ごとばいん》の時代に、法然聖人が、他力本願念仏宗をとなえて、広まったことがあった。その時、興福寺の僧侶たちが敵対して奏上《そうじょう》し、御弟子たちのなかに狼藉《ろうぜき》の子細があるとの無実の風聞《ふうぶん》によって、罪科に処せられる人数の事。

一、法然聖人ならびに御弟子七人は流罪《るざい》。また、御弟子四人は死罪に処せられたのである。

聖人は土佐の国番多《はた》という所へ流罪。還俗《げんぞく》させられて、俗名を藤井元彦《ふじいのもとひこ》という。生年七十六歳である。親鸞は越後の国。俗名、藤井善信《ふじいのよしのぶ》。生年三十五歳である。浄円《じょうえん》房《ぼう》は備後《びんご》の国。澄西禅光房《ちょうさいぜんこうぼう》は伯耆《ほうき》の国。好覚房《こうかくぼう》は伊豆《いず》の国。行空法本房《ぎょうくうほうほんぼう》は佐渡《さど》の国。幸西成覚房《こうさいじょうかくぼう》、善恵房《ぜんえぼう》の二人は、同じく遠流《おんる》に定まった。これらの人々の身柄《みがら》を預かったのが、無動寺《むどうじ》の善題大僧正《ぜんだいだいそうじょう》である。遠流の人々は以上八人である。

死罪に処せられた人々は、一番、西意善綽房《さいいぜんしゃくぼう》、二番、性願房《しょうがんぼう》、三番、住蓮房《じゅうれんぼう》、四番、安楽房《あんらくぼう》。

二位法印尊長《そんちょう》によって処刑された。

親鸞は、僧籍を剝奪《はくだつ》されて俗人となり、よって僧にあらず俗にあらずとなった。そして「禿《とく》」という字を姓として奏聞《そうもん》して、許可を得た。その上申状《じょうしんじょう》は、今も外記庁《げきのちょう》に納められているということだ。流罪以後は、愚禿《ぐとく》親鸞とお書きになっている。

奥書

この聖教は、わが宗派の大事な聖教である。教えを信じる機縁のない者には、むやみにこれを読ませることを許してはならない。

釈蓮如（花押）

歎異抄　原典

本文は、蓮如書写本の影印本とそれを翻刻したものを底本として使用した（真宗教団連合・編『歎異抄――現代を生きるこころ――』朝日新聞社）。

原文の漢字はそのままとし（字体は現行の新字体とした）、カタカナ表記はひらがな表記に改めた。本文には、岩波文庫版（金子大栄・校注）などを参照して、改行を施し、読みやすさを考慮して、句読点、ふりがなを多く付した。

漢文序

窃《ヒソカニ》廻《メグラシテ》㆓愚案《グアンヲ》㆒粗《ホヽ》勘《カンガウルニ》㆓古今《ココムヲ》㆒歎《ナゲキ》㆑異《コトナルコトヲ》㆓先師《センシノ》口伝之真信《クデンノシンシンニ》㆒思《オモフニ》㆑有《アルコトヲ》㆓後学相続之疑惑《コウガクサウゾクノギワク》㆒幸《サヒハヒニ》不《ズバ》㆑依《ヨラ》㆓有縁知識《ウエンノチシキニ》㆒者争《イカデカ》得《エン》㆑入《イルコトヲ》㆓易行《ヰギヤウノ》一門《ヰチモンニ》㆒哉《ヤ》全《マタク》以《モテ》㆓自見之覚語《ジケンノカクゴヲ》㆒莫《ナカレ》㆑乱《ミダルコト》㆓他力之宗旨《タリキノシユシヲ》㆒仍故《ヨテコ》親鸞聖人《シンランシヤウニンノ》御物語之趣《オンモノガタリノヲモムキ》所《トコロ》㆑留《トヾムル》㆓耳底《ミミノソコニ》㆒聊《イサヽカ》註《シルス》㆑之《コレヲ》偏《ヒトヘニ》為《タメ》㆑散《サンゼンガ》㆓同心行者之不審《ドウシムギヤウジヤノフシンヲ》㆒也《ナリト》云々

ひそかに愚案をめぐらして、ほゞ古今《ここん》を勘《かんが》ふるに、先師《せんし》の口伝の真信に異なることを歎き、後学相続《こうがくさうぞく》の疑惑あることを思ふに、幸《さいはひ》に有縁《うえん》の知識に依《よ》らずば、いかでか易行《いぎやう》の一門に入《い》ることを得んや。全く自見《じけん》の覚語を以《もつ》て、他力《たりき》の宗旨《しゆうし》を乱ることなかれ。よて、故親鸞聖人の御物語のおもむき、耳の底に留《とど》むる所、いささかこれをしるす、ひとへに同心行者《どうしんぎやうじや》の不審《ふしん》を散《さん》ぜんがためなりと、云々《うんぬん》。

一

一 弥陀の誓願《せいぐわん》不思議にたすけられまひらせて、往生《わうじやう》をばとぐるなりと信じて、念仏まふさんとおもひたつこゝろのおこるとき、すなはち摂取不捨《せつしゆふしや》の利益《りやく》にあづけしめたまふなり。弥陀の本願《ほんぐわん》には、老少善悪《らうせうぜんまく》のひとをえらばれず、たゞ信心を要《えう》とするべし。そのゆへは、罪悪深重《ざいあくじんぢゆう》、煩悩熾盛《ほんなうしじやう》の衆生《しゆじやう》をたすけんがための願《ぐわん》にまします。しかれば本願を信ぜんには、他の善も要《えう》にあらず、念仏にまさるべき善なきゆへに。悪をもおそるべからず、弥陀の本願をさまたぐるほどの悪なきゆへにと、云々。

二

一　おの〳〵の十余ケ国のさかひをこえて、身命《しんみやう》をかへりみずして、たづねきたらしめたまふ御《おん》こゝろざし、ひとへに往生極楽のみちをとひきかんがためなり。しかるに、念仏よりほかに往生のみちをも存知《ぞんち》し、また法文等《ほふもんとう》をもしりたるらんと、こゝろにく、おぼしめしておはしましてはんべらんは、おほきなるあやまりなり。もしからば、南都北嶺《なんとほくれい》にも、ゆゝしき学生《がくしやう》たち、おほく座《おは》せられてさふらうなれば、かのひとにもあひたてまつりて、往生の要よく〳〵きかるべきなり。親鸞におきては、たゞ念仏して弥陀にたすけられまひらすべしと、よきひとのおほせをかふりて、信ずるほかに別の子細なきなり。念仏は、まことに浄土《じやうど》にむまるゝたねにてやはんべらん。また地獄《ぢごく》におつべき業《ごふ》にてやはんべるらん。惣じてもて存知せざるなり。たとひ法然聖人《ほふねんしやうにん》にすかされまひらせて、念仏して地獄におちたりとも、さらに後悔すべからずさふらう。そのゆへは、自余《じよ》の行もはげみて仏になるべかりける身が、念仏をまふして地獄にもおちてさふらはゞこそ、すかされたてまつりてといふ後悔もさふらはめ、いづれの行もおよびがたき身なれば、とても地獄は一定《いちぢやう》すみかぞかし。弥陀の本願まことにおはしまさば、釈尊《しやくそん》の説教、虚言《きよごん》なるべからず。仏説《ぶつせつ》まことにおはしまさば、善導の御釈《おんしやく》、虚言したまふべからず。善導の御釈まことならば、法然のおほせそらごとならんや。法然のおほせまことならば、親鸞がまふすむね、またもてむなしかるべからずさふらう歟《か》。詮《せん》ずるところ愚身《ぐしん》の信心におきては、かくのごとし。このうへは、念仏をとりて信じたてまつらんとも、またすてんとも、面々《めんめん》の御《おん》はからひなりと、云々。

三

一　善人なをもて往生をとぐ、いはんや悪人をや。しかるを　世のひと　つねにいはく、悪人なを往生す、いかにいはんや善人をや。この条、一旦そのいはれあるににたれども、本願他力の意趣《いしゅ》にそむけり。そのゆへは、自力作善《じりきさぜん》のひとは、ひとへに他力をたのむこゝろかけたるあひだ、弥陀の本願にあらず。しかれども、自力のこゝろをひるがへして、他力をたのみたてまつれば、真実報土《しんじつほうど》の往生をとぐるなり。煩悩具足《ぼんなうぐそく》のわれらは、いづれの行にても生死《しやうじ》をはなるゝことあるべからざるをあはれみたまひて、願をおこしたまふ本意《ほんい》、悪人成仏《じやうぶつ》のためなれば、他力をたのみたてまつる悪人、もとも往生の正因《しやういん》なり。よて善人だにこそ往生すれ、まして悪人はと、おほせさふらひき。

四

一 慈悲に聖道《しやうだう》、浄土のかはりめあり。聖道の慈悲といふは、ものをあはれみ、かなしみ、はぐゝむなり。しかれども、おもふがごとくたすけとぐること、きはめてありがたし。浄土の慈悲といふは、念仏して、いそぎ仏になりて、大慈大悲心《だいじだいひしん》をもて、おもふがごとく衆生を利益《りやく》するをいふべきなり。今生《こんじやう》に、いかにいとをし、不便《ふびん》とおもふとも、存知のごとくたすけがたければ、この慈悲、始終なし。しかれば、念仏まふすのみぞ、すえとをりたる大慈悲心にてさふらうべきと、云々。

五

一 親鸞は、父母《ぶも》の孝養《けうやう》のためとて、一返にても念仏まふしたること、いまださふらはず。そのゆへは、一切の有情《うじやう》はみなもて世々生々《せゝしやう〴〵》の父母兄弟《ぶもきやうだい》なり。いづれも〳〵、この順次生《じゅんじしやう》に仏になりてたすけさふらうべきなり。わがちからにてはげむ善にてもさふらはゞこそ、念仏を廻向《ゑかう》して父母をもたすけさふらはめ。たゞ自力をすて、いそぎさとりをひらきなば、六道四生のあひだ、いづれの業苦にしづめりとも、神通方便《じんづうはうべん》をもて、まづ有縁を度《ど》すべきなりと、云々。

六

一　専修《せんじゅ》念仏のともがらの、わが弟子、ひとの弟子といふ相論《さうろん》のさふらうらんこと、もてのほかの子細なり。親鸞は弟子一人ももたずさふらう。そのゆへは、わがはからひにて、ひとに念仏をまふさせさふらはゞこそ、弟子にてもさふらはめ、弥陀の御もよほしにあづかて、念仏まふしさうらふひとを、わが弟子とまふすこと、きはめたる荒涼《くわうりやう》のことなり。つくべき縁あればともなひ、はなるべき縁あれば、はなる、ことのあるをも、師をそむきて、ひとにつれて念仏すれば、往生すべからざるものなりなんといふこと、不可説《ふかせつ》なり。如来よりたまはりたる信心を、わがものがほにとりかへさんとまふすにや、かへすぐ〵もあるべからざることなり。自然《じねん》のことはりにあひかなはゞ、仏恩をもしり、また師の恩をもしるべきなりと、云々。

七

一　念仏者は無碍《むげ》の一道なり。そのいはれいかんとならば、信心の行者には、天神地祇《てんじんぢぎ》も敬伏《きやうぶく》し、魔界外道《まかいげだう》も障礙《しやうげ》することなし。罪悪《ざいあく》も業報《ごふほう》を感ずることあたはず、諸善もおよぶことなきゆへなりと、云々。

八

一　念仏は行者のために非行非善《ひぎやうひぜん》なり。わがはからひにて行ずるにあらざれば、非行といふ。わがはからひにてつくる善にもあらざれば、非善といふ。ひとへに他力《たりき》にして、自力《じりき》をはなれたるゆへに、行者のためには、非行非善なりと、云々。

九

一　念仏まふしさふらへども、踊躍歓喜《ゆやくくわんぎ》のこゝろ、おろそかにさふらふこと、またいそぎ浄土へまひりたきこゝろのさふらはぬは、いかにとさふらうべきことにてさふらうやらんと、まふしいれてさふらひしかば、親鸞もこの不審ありつるに、唯円房《ゆいえんばう》、おなじこゝろにてありけり。よく〳〵案じみれば、天におどり、地におどるほどに、よろこぶべきことをよろこばぬにて、いよ〳〵往生は一定おもひたまふなり。よろこぶべきこゝろをおさへて、よろこばざるは、煩悩の所為《しよゐ》なり。しかるに仏、かねてしろしめして、煩悩具足の凡夫とおほせられたることなれば、他力の悲願は、かくのごとしのわれらがためなりけりとしられて、いよ〳〵たのもしくおぼゆるなり。また浄土へいそぎまひりたきこゝろのなくて、いさゝか所労《しよらう》のこともあれば、死《し》なんずるやらんとこゝろぼそくおぼゆることも、煩悩の所為なり。久遠劫《くをんごふ》よりいま、で流転《るてん》せる苦悩の旧里はすてがたく、いまだむまれざる安養《あんやう》浄土はこひしからずさふらふこと、まことによく〳〵煩悩の興盛《こうじやう》にさふらうにこそ。なごりおしくおもへども、娑婆《しやば》の縁つきて、ちからなくしておはるときに、かの土へはまひるべきなり。いそぎまひりたきこゝろなきものを、ことにあはれみたまふなり。これにつけてこそ、いよ〳〵大悲大願はたのもしく、往生は決定と存じさふらへ。踊躍歓喜《ゆやくくわんぎ》のこゝろもあり、いそぎ、浄土へもまひりたくさふらはんには、煩悩のなきやらんと、あしくさふらひなましと、云々。

十

一　念仏には、無義《むぎ》をもて義とす。不可称《ふかしやう》、不可説《ふかせつ》、不可思議《ふかしぎ》のゆへにと、おほせさふらひき。

そも〳〵かの御在生《ございしやう》のむかし、おなじくこゝろざしをして、あゆみを遼遠《れうえん》の洛《らく》陽《やう》にはげまし、信をひとつにして、心を当来《たうらい》の報土にかけしともがらは、同時に御《ご》意趣《いしゆ》をうけたまはりしかども、そのひと〴〵にともなひて、念仏まふさる、老若、そのかずをしらずおはしますなかに、上人のおほせにあらざる異義どもを、近来はおほくおほせられあふてさふらうよし、つたへうけたまはる。いはれなき条々の子細のこと。

十一

一　一文不通《いちもんふつう》のともがらの念仏まふすにあふて、なんぢは誓願不思議《せいぐわんふしぎ》を信じて念仏まふすか、また名号《みやうがう》不思議を信ずるかと、いひおどろかして、ふたつの不思議を子細をも分明《ぶんみやう》にいひひらかずして、ひとのこゝろをまどはすこと、この条かへす〴〵もこゝろをとゞめて、おもひわくべきことなり。誓願の不思議によりて、やすくたもち、となへやすき名号を、案じいだしたまひて、この名字《みやうじ》をとなへんものをむかへとらんと、御約束《おんやくそく》あることなれば、まづ弥陀の大悲大願の不思議にたすけられまひらせて、生死《しやうじ》をいづべしと信じて、念仏のまふさるゝも、如来《によらい》の御はからひなりとおもへば、すこしもみづからのはからひまじはらざるがゆへに、本願に相応《さうおう》して実報土《じつほうど》に往生するなり。これは誓願の不思議を、むねと信じたてまつれば、名号の不思議も具足して、誓願名号の不思議ひとつにして、さらにことなることなきなり。つぎにみづからのはからひをさしはさみて、善悪のふたつにつきて、往生のたすけさはり、二様《ふたやう》におもふは、誓願の不思議をばたのまずして、わがこゝろに往生の業《ごふ》をはげみて、まふすところの念仏をも、自行《じぎやう》になすなり。このひとは名号の不思議をもまた信ぜざるなり。信ぜざれども辺地《へんち》、懈慢《けまん》、疑城《ぎじやう》、胎宮《たいぐ》にも往生して、果遂《くわすい》の願のゆへにつゐに報土に生ずるは、名号不思議のちからなり。これ、すなはち誓願不思議のゆへなれば、たゞひとつなるべし。

十二

一　経釈《きやうしやく》をよみ、学《がく》せざるともがら、往生不定《わうじやうふぢやう》のよしのこと。

この条すこぶる不足言《ふそくごん》の義《ぎ》といひつべし。他力真実のむねをあかせるもろ〳〵の正教《しやうげう》は、本願を信じ、念仏をまふさば仏になる、そのほか、なにの学問かは、往生の要なるべきや。まことに、このことはりにまよへらんひとは、いかにも〳〵学問して、本願のむねをしるべきなり。経釈をよみ、学すといへども、聖教の本意をこゝろえざる条、もとも不便《ふびん》のことなり。一文不通にして経釈のゆくぢもしらざらんひとの、となへやすからんための名号におはしますゆへに、易行《いぎやう》といふ。学問をむねとするは聖道門なり。難行《なんぎやう》となづく。あやまて学問して名聞利養《みやうもんりやう》のおもひに住するひと、順次の往生いかゞあらんずらんといふ証文《しようもん》もさふらうべきや。当時、専修念仏のひと、聖道門のひと、法論をくわだてゝ、わが宗こそすぐれたれ、ひとの宗は、おとりなりといふほどに、法敵もいできたり、謗法《はうぼふ》もおこる。これしかしながら、みづから、わが法を破謗《はばう》するにあらずや。たとひ諸門こぞりて、念仏はかひなきひとのためなり、その宗あさし、いやしといふとも、さらにあらそはずして、われらがごとく、下根《げこん》の凡夫、一文不通のもの、、信ずればたすかるよし、うけたまはりて信じさふらへば、さらに上根《じやうこん》のひとのためにはいやしくとも、われらがためには最上の法にてまします、たとひ自余の教法すぐれたりとも、みづからがためには、器量およばざれば、つとめがたし、われもひとも生死をはなれんことこそ、諸仏《しよぶつ》の御本意にておはしませば、御さまたげあるべからずとて、にくひ気《け》せずば、たれのひとかありてあだをなすべきや。かつは諍論《じやうろん》のところには、もろ〳〵の煩悩おこる、智者、遠離《をんり》すべきよしの証文さふらふにこそ。故聖人のおほせには、この法をば信ずる衆生もあり、そしる衆生もあるべしと、仏ときおかせたまひたることなれば、われはすでに信じたてまつる、また、ひとありて、そしるにて、仏説まことなりけりと、しられさふらう。しかれば往生は、いよ〳〵一定とおもひたまふなり。あやまて、そしるひとのさふらはざらんにこそ、いかに信ずるひとはあれども、そしるひとのなきやらんともおぼへさふらひぬべけれ。かくまふせばとて、かならずひとにそしられんとにはあらず、仏のかねて信謗《しんばう》ともにあるべきむねをしろしめして、ひとのうたがひをあらせじと、ときおかせたまふことをまふすなりとこそさふらひしか。いまの世には学文してひとのそしりをやめ、ひとへに論義《ろんぎ》問答むねとせんと、かまへられさふらうにや。学問せば、いよ〳〵如来の御本意をしり、悲願の広大のむねをも存知して、いやしからん身にて、往生はいかゞなんとあやぶまんひとにも、本願には善悪浄穢《じやうゑ》なきおもむきをも、とききかせられさふらはゞこそ、学生のかひにてもさふらはめ。たま〳〵なにごゝろもなく、本願に相応して念仏するひとをも、学文してこそなんといひをどさるゝこと、法の魔障《ましやう》なり、仏の怨敵《をんてき》なり。みづから他力の信心かくるのみならず、あやまて他をまよはさんとす。つゝしんでおそるべし、先師の御こゝろにそむくことを。かねてあはれむべし、弥陀の本願にあらざることを。

十三

一　弥陀の本願、不思議におはしませばとて、悪をおそれざるは、また本願ぼこりとて、往生かなふべからずといふこと。

この条、本願をうたがふ、善悪の宿業《しゅくごふ》をこゝろえざるなり。よきこゝろのおこるも、宿業のもよほすゆへなり。悪事のおもはれせらるゝも、悪業のはからふゆへなり。故聖人のおほせには、卯毛羊毛《うもうやうもう》のさきにいるちりばかりも、つくるつみの、宿業にあらずといふことなしとしるべしとさふらひき。

またあるとき、唯円房はわがいふことをば信ずるかと、おほせのさふらひしあひだ、さんさふらうとまふしさふらひしかば、さらばいはんこと、たがふまじきかと、かさねておほせのさふらひしあひだ、つゝしんで領状《りやうじやう》まふしてさふらひしかば、たとへば、ひと千人ころしてんや、しからば往生は一定すべしと、おほせさふらひしとき、おほせにてはさふらへども、一人もこの身の器量にては、ころしつべしともおぼへずさふらうと、まふしてさふらひしかば、さてはいかに親鸞がいふことを、たがふまじきとはいふぞと。これにてしるべし、なにごとも、こゝろにまかせたることならば、往生のために、千人ころせといはんに、すなはちころすべし。しかれども、一人にてもかなひぬべき業縁なきによりて、害せざるなり。わがこゝろのよくて、ころさぬにはあらず。また害せじとおもふとも、百人千人をころすこともあるべしと、おほせのさふらひしかば、われらがこゝろのよきをばよしとおもひ、あしきことをばあしとおもひて願の不思議にてたすけたまふといふことを、しらざることをおほせのさふらひしなり。そのかみ邪見《じやけん》におちたるひとあて、悪をつくりたるものをたすけんといふ願にてましませばとて、わざとこのみて、悪をつくりて、往生の業とすべきよしをいひて、やうやうにあしざまなることのきこへさふらひしとき、御消息《ごせうそく》に、くすりあればとて、毒をこのむべからずとあそばされてさふらふは、かの邪執をやめんがためなり。またく悪は往生のさはりたるべしとにはあらず。

持戒持律《ぢかいぢりつ》にてのみ本願を信ずべくば、われらいかでか生死をはなるべきやと。かゝるあさましき身も、本願にあひたてまつりてこそ、げにほこられさふらへ。さればとて身にそなへざらん悪業は、よもつくられさふらはじものを。また、うみかわに、あみをひき、つりをして、世をわたるものも、野《の》やまに、しゝをかり、とりをとりて、いのちをつぐともがらも、あきなゐをし、田畠をつくりてすぐるひとも、たゞおなじことなりと。さるべき業縁のもよほさば、いかなるふるまひもすべしとこそ、聖人はおほせさふらひしに、当時は後世者《ごせしゃ》ぶりして、よからんものばかり、念仏まふすべきやうに、あるひは道場にわりぶみをして、なむ〳〵のことしたらんものをば、道場へいるべからずなんど、いふこと、ひとへに賢善精進《けんぜんしやうじん》の相をほかにしめして、うちには虚仮《こけ》をいだけるものか。願にほこりてつくらんつみも、宿業のもよほすゆへなり。されば、よきこともあしきことも、業報《ごふほう》にさしまかせて、ひとへに本願をたのみまひらすればこそ、他力にてはさふらへ。唯信抄にも、弥陀いかばかりのちからましますとしりてか、罪業のみ（身）なれば、すくはれがたしとおもふべきとさふらうぞかし。本願にほこるこゝろのあらんにつけてこそ、他力をたのむ信心も決定《けつぢやう》しぬべきことにてさふらへ。おほよそ悪業煩悩を断じつくしてのち、本願を信ぜんのみぞ、願にほこるおもひもなくてよかるべきに、煩悩を断じなば、すなはち仏になり、仏のためには、五劫思惟の願、その詮なくやましまさん。本願ぼこりといましめらるゝひと〴〵も、煩悩不浄、具足せられてこそさふらうげなれ、それは願ほこらるゝにあらずや。いかなる悪を本願ぼこりといふ、いかなる悪かほこらぬにてさふらうべきぞや。かへりて、こゝろをさなきことか。

十四

一　一念に八十億劫の重罪《ぢゆうざい》を滅すと信ずべしといふこと。

この条は、十悪五逆の罪人、日ごろ念仏をまふさずして、命終《みやうじゆ》のとき、はじめて善知識のをしへにて、一念まふせば、八十億劫のつみを滅し、十念まふせば、十八十億劫の重罪を滅して往生すといへり。これは十悪五逆の軽重《きやうぢゆう》をしらせんがために、一念十念といへるか。滅罪の利益なり、いまだわれらが信ずるところにおよばず。そのゆへは弥陀の光明にてらされまひらするゆへに、一念発起《ほつき》するとき、金《こん》剛《がう》の信心をたまはりぬれば、すでに定聚《ぢやうじゆ》のくらゐにおさめしめたまひき、命終すればもろ〳〵の煩悩、悪障を転じて、無生忍《むしやうにん》をさとらしめたまふなり。この悲願ましまさずば、かゝるあさましき罪人、いかでか生死を解脱すべきとおもひて、一生のあひだまふすところの念仏は、みなこと〴〵く如来大悲の恩を報じ、徳を謝すとおもふべきなり。念仏まふさんごとに、つみをほろぼさんと信ぜんは、すでにわれとつみをけ(消)して、往生せんとはげむにてこそさふらうなれ。もししからば、一生のあひだ、おもひとおもふこと、みな生死のきづなにあらざることなければ、いのちつきんまで念仏退転《たいてん》せずして往生すべし。たゞし、業報かぎりあることなれば、いかなる不思議のことにもあひ、また病悩、苦痛をせめて、正念《しやうねん》に住せずしてをはらん、念仏まふすことかたし。そのあひだのつみをば、いかゞして滅すべきや。つみ、きえざれば往生はかなふべからざるか。摂取不捨の願をたのみたてまつらば、いかなる不思議ありて、罪業をおかし、念仏まふさずしてをはるとも、すみやかに往生をとぐべし。また念仏のまふされんも、たゞいまさとりをひらかんずる期のちかづくにしたがひても、いよ〳〵弥陀をたのみ、御恩を報じたてまつるにてこそさふらはめ。つみを滅せんとおもはんは自力のこゝろにして、臨終正念《りんじゆうしやうねん》といのるひとの本意なれば、他力の信心なきにてさふらうなり。

十五

一　煩悩具足の身をもて、すでにさとりをひらくといふこと。

この条、もてのほかのことにさふらう。即身成仏《そくしんじやうぶつ》は真言秘教《しんごんひけう》の本意、三密行業《さんみつぎやうごふ》の証果《しようか》なり。六根清浄《ろくこんしやうじやう》はまた法華一乗《ほつけいちじよう》の所説、四安楽《あんらく》の行の感徳《かんとく》なり。これみな難行上根のつとめ、観念成就のさとりなり。来生《らいしやう》の開覚《かいかく》は、他力浄土の宗旨、信心決定の通故なり。これまた易行下根のつとめ、不簡《ふけん》善悪の法なり。おほよそ今生においては、煩悩悪障を断ぜんこと、きはめてありがたきあひだ、真言法花を行ずる浄侶《じやうりよ》、なをもて順次生のさとりをいのる。いかにいはんや、戒行恵解《かいぎやうえげ》ともになしといへども、弥陀の願船に乗じて生死の苦海をわたり、報土のきしにつきぬるものならば、煩悩の黒雲、はやくはれ、法性《ほつしやう》の覚月《かくげつ》、すみやかにあらはれて、尽《じん》十方の無礙《むげ》の光明に一味にして、一切の衆生を利益せんときにこそ、さとりにてはさふらへ。この身をもて、さとりをひらくとさふらうなるひとは、釈尊のごとく種々の応化《おうげ》の身をも現じ、三十二相、八十随形好《ずいぎやうかう》をも具足して、説法利益さふらうにや。これをこそ今生にさとりをひらく本とはまふしさふらへ。和讃にいはく、金剛堅固《こんがうけんご》の信心の、さだまるときをまちえてぞ、弥陀の心光摂護《しんくわうせふご》して、ながく生死をへだてけるとはさふらうは、信心のさだまるときに、ひとたび摂取して、すてたまはざれば、六道に輪廻すべからず。しかれば、ながく生死をばへだてさふらうぞかし。かくのごとくしるを、さとるとはいひまぎらかすべきや。あはれにさふらうをや。浄土真宗には、今生に本願を信じて、かの土にして、さとりをばひらくと、ならひさふらうぞとこそ、故聖人のおほせにはさふらひしか。

十六

一信心の行者、自然に、はらをもたて、あしざまなることをもおかし、同朋《どうぼう》同侶にもあひて、口論《こうろん》をもしては、かならず廻心《ゑしん》すべしといふこと。この条、断悪修善《だんあくしゅぜん》のこゝちか。一向専修のひとにおいては、廻心といふこと、たゞひとたびあるべし。その廻心は、日ごろ、本願他力真宗をしらざるひと、弥陀の智恵をたまはりて、日ごろのこゝろにては、往生かなふべからずとおもひて、もとのこゝろをひきかへて、本願をたのみまひらするをこそ、廻心とはまふしさふらへ。一切の事《じ》に、あしたゆふべに廻心して、往生をとげさふらうべくば、ひとのいのちは、いづるいき、いるほどをまたずして、をはることなれば、廻心もせず、柔和忍辱《にうわにんにく》のおもひにも住せざらんさきに、いのちつきば、摂取不捨の誓願は、むなしくならせおはしますべきにや。くちには願力をたのみたてまつるといひて、こゝろには、さこそ悪人をたすけんといふ願、不思議にましますといふとも、さすが、よからんものをこそ、たすけたまはんずれとおもふほどに、願力をうたがひ、他力をたのみまひらするこゝろかけて、辺地《へんち》の生をうけんこと、もともなげきおもひたまふべきことなり。信心さだまりなば、往生は弥陀にはからはれまひらせてすることなれば、わがはからひなるべからず。わろからんにつけても、いよ〳〵願力をあをぎまひらせば、自然のことはりにて、柔和忍辱のこゝろもいでくべし。すべてよろづのことにつけて、往生には、かしこきおもひを具せずして、たゞほれ〴〵と弥陀の御恩の深重なること、つねはおもひいだしまひらすべし。しかれば念仏もまふされさふらう。これ自然なり。わがはからはざるを、自然とまふすなり。これすなはち他力にてまします。しかるを、自然といふことの別にあるやうに、われものしりがほにいふひとのさふらうよしうけたまはる、あさましくさふらうなり。

十七

一　辺地往生をとぐるひと、つゐには地獄におつべし、といふこと。

この条、なにの証文にみへさふらうぞや。学生だつるひとのなかにいひいださる、ことにてさふらうなるこそ、あさましくさふらへ。経論正教をば、いかやうにみなされてさふらうらん。信心かけたる行者は、本願をうたがふによりて、辺地に生じて、うたがひのつみをつぐのひてのち、報土《ほうど》のさとりをひらくとこそ、うけたまはりさふらへ。信心の行者すくなきゆへに、化土におほくすゝめいれられさふらうを、つゐにむなしくなるべしとさふらうなるこそ、如来に虚妄《こまう》をまふしつけまひらせられさふらうなれ。

十八

一　仏法のかたに施入物《せにふもつ》の多少にしたがて、大小仏になるべしといふこと。この条、不可説なり々々。比興《ひきよう》のことなり。まづ仏に大小の分量をさだめんことあるべからずさふらう。かの安養浄土の教主《けうしゆ》の御身量をとかれてさふらうも、それは方便報身のかたちなり。法性のさとりをひらひて、長短方円《ちやうたうはうえん》のかたちにもあらず、青黄赤白黒《しやうわうしやくびやくこく》のいろをもはなれなば、なにをもてか大小をさだむべきや。念仏まふすに化仏《けぶつ》をみたてまつるといふことのさふらうなるこそ、大念《だいねむ》には大仏をみ、小念には小仏をみるといへるか。もし、このことはりなんどに、ばしひきかけられさふらうやらん。かつはまた檀波羅密《だんばらみつ》の行ともいひつべし。いかにたからものを仏前にもなげ、師匠にもほどこすとも、信心かけなば、その詮なし。一紙半銭も仏法のかたにいれずとも、他力にこゝろをなげて、信心ふかくば、それこそ願の本意にてさふらはめ。すべて仏法にことをよせて、世間の欲心もあるゆへに、同朋《どうぼう》をいひをどさる、にや。

後記

右条々は、みなもて信心のことなるより、ことおこりさふらうか。故聖人の御ものがたりに、法然聖人の御とき、御弟子そのかず、おはしけるなかに、おなじく御信心のひとも、すくなくおはしけるにこそ、親鸞、御同朋の御なかにもて、御相論《ごさうろん》のことさふらひけり。そのゆへは、善信《ぜんしん》が信心も聖人の御信心もひとつなりとおほせのさふらひければ、誓観房《せいくわんばう》、念仏房なんどまふす御同朋達、もてのほかにあらそひたまひて、いかでか聖人の御信心に、善信房の信心ひとつにはあるべきぞとさふらひければ、聖人の御智恵、才覚ひろくおはしますに、一《ひとつ》ならんとまふさばこそ、ひがごとならめ、往生の信心においては、またくことなることなし、たゞひとつなりと御返答ありけれども、なをいかでかその義あらんといふ疑難《ぎなん》ありければ、詮《せん》ずるところ、聖人の御まへにて、自他の是非をさだむべきにて、この子細をまふしあげければ、法然聖人のおほせには、源空《げんくう》が信心も如来よりたまはりたる信心なり、善信房の信心も如来よりたまはらせたまひたる信心なり。されば、たゞひとつなり。別の信心にておはしまさんひとは、源空がまひらんずる浄土へは、よもまひらせたまひさふらはじとおほせさふらへしかば、当時の一向専修のひとぐ〵のなかにも、親鸞の御信心にひとつならぬ御ことも、さふらうらんとおぼへさふらう。

いづれも〳〵くりごとにてさふらへども、かきつけさふらうなり。露命《ろめい》わづかに枯草《こさう》の身にかゝりてさふらうほどにこそ、あひともなはしめたまふひとぐ〵、御不審をもうけたまはり、聖人のおほせのさふらひしおもむきをも、まふしきかせまひらせさふらへども、閉眼《へいがん》ののちは、さこそしどけなきことどもにてさふらはんずらめと、なげき存じさふらひて、かくのごとくの義ども、おほせられあひさふらうひとぐ〵にも、いひまよはされなんどせらるゝことのさふらはんときは、故聖人の御こゝろにあひかなひて、御もちゐさふらう御聖教どもを、よく〳〵御らんさふらうべし。おほよそ聖教には、真実権仮《ごんけ》ともにあひまじはりさふらうなり。権をすて、実をとり、仮をさしおきて真をもちゐるこそ、聖人の御本意にてさふらへ。かまへて〳〵、聖教をみみだらせたまふまじくさふらう。大切の証文ども、少々ぬきいでまひらせさふらうて、目《め》やすにして、この書にそえまひらせてさふらうなり。聖人のつねのおほせには、弥陀の五劫思惟の願をよく〳〵案ずれば、ひとへに親鸞一人がためなりけり。さればそれほどの業をもちける身にてありけるを、たすけんとおぼしめしたちける本願のかたじけなさよと、御述懐《ごじゅつくわい》さふらひしことを、いままた案ずるに、善導の、自身はこれ現に罪悪生死の凡夫、曠劫《くわうこふ》よりこのかた、つねにしづみ、つねに流転して、出離《しゅつり》の縁あることなき身としれといふ金言《きむけん》に、すこしもたがはせおはしまさず。さればかたじけなく、わが御身にひきかけて、われらが身の罪悪のふかきほどをもしらず、如来の御恩のたかきことをもしらずしてまよへるを、おもひしらせんがためにてさふらひけり。まことに如来の御恩といふことをば、さたなくして、われもひとも、よしあしといふことをのみまふしあへり。聖人のおほせには、善悪のふたつ、惣じてもて存知せざるなり。そのゆへは、如来の御こゝろによしとおぼしめすほどに、しりとをしたらばこそ、よきをしりたるにてもあらめ、如来のあしとおぼしめすほどに、しりとをしたらばこそ、あしきをしりたるにてもあらめど、煩悩具足の凡夫、火宅無常の世界は、よろづのこと、みなもてそらごと、たわごと、まことあることなきに、たゞ念仏のみぞまことにておはしますとこそ、おほせはさふらひしか。まことに、われもひとも、そらごとをのみまふしあひさふらふなかに、ひとついたましきことのさふらうなり。そのゆへは、念仏まふすについて、信心のおもむきをもたがひに問答し、ひとにもいひきかするとき、ひとのくちをふさぎ、相論をたゝんがために、またくおほせにてなきことをも、おほせとのみまふすこと、あさましくなげき存じさふらうなり。このむねをよく〳〵おもひとき、こゝろえらるべきことにさふらう。これさらにわたくしのことばにあらずといへども、経釈のゆくぢもしらず、法文の浅深をこゝろえわけたることもさふらはねば、さだめておかしきことにてこそさふらはめども、古親鸞のおほせごとさふさ（ら）ひしおもむき、百分が一《ひとつ》、かたはしばかりをも、おもひいでまひらせて、かきつけさふらうなり。かなしきかなや、さひはひに念仏しながら、直《ぢき》に報土にむまれずして辺地にやどをとらんこと。一室の行者のなかに信心ことなることなからんために、なく〳〵ふでをそめて、これをしるす。なづけて歎異抄といふべし。外見《ぐわいけん》あるべからず。

流罪目録

後鳥羽院之御宇《ぎょう》。法然聖人他力本願念仏宗を興行す。于時《ときに》興福寺僧侶敵奏之上御弟子中狼藉子細あるよし。無実風聞によりて罪科に処せらる、人数事。

一、法然聖人 幷《ならびに》 御弟子七人流罪。又御弟子四人死罪におこなはる、なり。

聖人は土佐国番多といふ所へ流罪。罪名藤井元彦男云々生年七十六歳なり。

親鸞は越後国。罪名藤井善信云々生年三十五歳なり。

浄聞房備後国。澄西禅光房伯耆国。

好覚房伊豆国。行空法本房佐渡国。

幸西成覚房善恵房二人。同遠流にさだまる。しかるに無動寺之善題大僧正、これを申あづかると云々。

遠流之人々已上《いじやう》八人なりと云々。

被行死罪《しざいをおこなはせらるる》人々。

一番　西意善綽房。

二番　性願房。

三番　住蓮房。

四番　安楽房。

二位法印尊長之沙汰《さた》也。

親鸞改《メテ》二僧儀《ヲ》一賜《タマフ》二俗名《ヲ》一。仍《よつテ》非《ズ》レ僧《ニ》非《ズ》レ俗《ニ》。然間《しかるあひダ》以二禿《ノ》字《ヲ》一為《なシテ》レ姓《ト》、被《レ》レ経《へ》二奏問ヲ一了《をわんぬ》。彼ノ御申シ状于今《いまに》外記庁ニ納《をさまル》と云々。

流罪以後愚禿親鸞令シメレ書給《たまふ》也。

奥書

右斯聖教者為当流大事聖教也。

於無宿善機無左右不可許之者也。

釈　蓮　如　（花押）

付録　親鸞和讃《わさん》抄

親鸞聖人は、数多くの和讃を作っています。これは、『無量寿経《むりょうじゅきょう》』『観無《かんむ》量寿経《りょうじゅきょう》』『阿弥陀経《あみだきょう》』の浄土三部経などの教えや、阿弥陀仏の本願、浄土門の教えを、漢文ではなく日本語で表現したもので、念仏のように、声に出して称えることを目的に、七五調の口調のよい韻文として、信仰者たちのために作ったものです。

主著『教行信証《きょうぎょうしんしょう》』の著述とは別に、一般大衆に称えやすい、記憶しやすいものとして、親鸞は晩年にいたるまで、作り続けました。

弥陀《みだ》の名号《みやうがう》となへつゝ　信心《しんじむ》まことにうるひとは　憶念《おくねむ》の心《しむ》つねにして　仏恩《ぶちおん》報《ほう》ずるおもひあり

（アミダさまの名号を称えながら、本当の信心を得ている人は、感謝の心を持って、仏さまに報恩する気持を持っている）

誓願《せいぐわん》不思議《ふしぎ》をうたがひて　御名《みな》を称《しよう》ずる往生《わうじやう》は　宮殿《くでん》のうちに五百歳《ごひやくさい》　むなしくすぐとぞときたまふ

（アミダさまの誓願のありがたさを疑いながら、その名号を称えての往生は、天上の宮殿に五百年の長い年月をムダに過ごすようなものだ）

弥陀《みだ》成仏《じやうぶち》のこのかたは　いまに十劫《じふこふ》をへたまへり　法身《ほふしん》の光輪《くわうりん》きは（際）もなく　世《よ》の盲冥《まうみやう》をてらすなり

（アミダさまが成仏して以来、十劫という長い時間が経っている。その法身の光の輪は、際限もなくこの地上の暗闇を照らしている）

十方衆生《じふはうしゆじやう》のためにとて　如来《にょらい》の法蔵《ほふざう》あつめてぞ　本願《ほんぐわん》弘誓《ぐぜい》に帰《くゐ》せしむる　大《だい》心海《しむかい》を帰命《くゐみやう》せよ

（すべての方向にいる人々のために、如来さまの教えの蓄積を集めて、本願と誓いに対する大きな心の信仰へと帰命《きみょう》しなさい）

観音《くわんおむ》 勢至《せいし》もろともに 慈光世界《じくわうせかい》を照曜《せうえう》し 有縁《うゑん》を度《ど》してしばらくも 休息《くそく》あることなかりけり

（観音菩薩・勢至菩薩は二人とも、慈悲の光によって世界を照らし輝かせ、縁ある信仰者を救うためにしばしの休息さえとらないのである）

安楽浄土《あんらくじやうど》にいたるひと 五濁悪世《ごぢよくあくせ》にかへりては 釈迦牟尼仏《しやかむにぶち》のごとくにて 利益衆生《りやくしゆじやう》はきは（際）もなし

（アミダさまの安楽な浄土に行く人は、五濁悪世としてのこの世に帰ってきても、おシャカさまのように、そのご利益は際限のないものである）

一一《ゐちゐち》のはなのなかよりは　三十六百千億《さむじふろくひやくせんおく》の　光明《くわうみやう》てらしてほがらかに　いたらぬところはさらになし

（一つひとつの蓮の花のなかから、無数の光が照らして輝き、その光がいたらないところはまったくない）

弥陀《みだ》の大悲《だいひ》ふかければ　仏智《ぶちち》の不思議《ふしぎ》をあらはして　変成男子《へんじやうなむし》の願《ぐわん》をたて　女《によ》人成仏《にんじやうぶち》ちかひたり

（アミダさまの人々を憐れむ気持は深く、仏教のありがたみを発揮して、「五障の障りのある」女性をいったん男子に転じさせ、女人成仏を達成させて下さるのである）

善知識《ぜんぢしき》にあふこともおしふることもまたかた（難）し　よくきくこともかたければ　信《しん》ずることもなをかたし

（信仰上の、よい指導者に会うことは難しい。教えるということも難しい。教えるということも難しいし、その教えを聞くことも難しい。信じることはさらに難しい）

阿闍世王《あじゃせわう》は瞋怒《しんぬ》して　我母是賊《がもぜぞく》としめしてぞ　無道《むだう》に母《はゝ》を害《がい》せんと　つるぎをぬきてむかひける

（阿闍世王は、深く怒って、我が母はこれ賊なりと叫び、非道にも母親を殺害しようと剣を抜いて襲いかかったのである――仏典の阿闍世王の伝説を、劇的に表現した和讃）

十方《じふはう》微塵《みぢん》世界《せかい》の　念仏《ねむぶち》の衆生《しゆじやう》をみそなはし　摂取《せふしゆ》してすてざれば　阿弥陀《わあみだ》となづけたてまつる

（すべての方向のあらゆる小さな世界での念仏をする人々をきちんとご覧になり、受け止めてお捨てならない方を、アミダさまと名付けさせていただいたのである）

南無《なも》阿弥陀仏《わあみだぶち》をとなふれば　梵王《ぼむわう》帝釈《たいしやく》帰敬《くゐきやう》す　諸天《しよてん》善神《ぜんじん》ことごとく　よるひるつねにまもるなり

（「ナモワアミダブチ」と念仏を称えれば、仏教の守護神である梵天王・帝釈天が礼拝する。もろもろの天神・善神が、夜も昼も守ってくれる）

子《こ》の母《はゝ》をおもふがごとくにて　衆生《しゆじやう》仏《ぶち》を憶《おく》すれば　現前当来《げんぜんたうらい》とを（遠）からず
如来《によらい》を拝見《はいけん》うたがはず

（子が母を思うように、一般の人々が仏さまを思えば、この世とあの世とを問わず如来さまを拝見することは疑いのないことだ）

生死《しやうじ》の苦海《くかい》ほとりなし　ひさしくしづめるわれらをば　弥陀弘誓《みだぐぜい》のふね（船）
のみぞ　のせてかならずわたしける

（生死の苦しい海のような世界にはたどりつく岸もない。海に長く沈んでいた私たちを、アミダさまの誓いの船だけが、その苦しみの海から浄土へと渡してくれる）

弥陀《みだ》の名願《みやうぐわん》によらざれば　百千万劫《ひやくせんまんごふ》すぐれども　いつゝのさは（障）りはなれねば　女身《によしん》をいかでか転《てん》ずべき

（アミダさまの名号を称えるという信仰がなければ、百千万劫という長い時間を経ても、女性に特有の五つの障りが障害となって、成仏はできないのである）

弘誓《ぐぜい》のちからをかふらずは　いづれのときにか娑婆《しやば》をいでん　仏恩《ぶちおん》ふかくおもひつゝ　つねに弥陀《みだ》を念《ねむ》ずべし

（アミダさまのお誓いの力というおかげをこうむらなければ、いつになったら娑婆というこの世から出ることができようか。仏さまの恩を深く思いながら、常にアミダさまを念仏すべきである）

煩悩《ほむなう》にまなこ（眼）さへられて　摂取《せふしゆ》の光明《くわうみやう》みざれども　大悲《だいひ》ものうきことなくて　つねにわが身《み》をてらすなり

（煩悩のために眼をさえぎられ、アミダさまが救ってくれるという光明が見えなくても、その憐れみはいつも我が身を照らしてくれているのである）

極悪深重《ごくあくじむぢう》の衆生《しゆじやう》は　他《た》の方便《はうべん》さらになし　ひとへに弥陀《みだ》を称《しよう》じてぞ　浄土《じやうど》にむまるとのべたまふ

（極悪で、深い海のように罪深い一般の人々は、他に方法は何もない。ただ、アミダさまの名号を称えることによって、浄土に生まれることができると述べられた）

阿弥陀如来化《わあみだによらいくゑ》してこそ　本師源空《ほんしぐゑんく》としめしけれ　化縁《くゑゑん》すでにつきぬれば　浄《じやう》土《ど》にかへりたまひにき

（阿弥陀如来が姿を変えて、先生の法然聖人となった。変身の時期がすでに過ぎたので、浄土にお帰りになったのである）

弥陀《みだ》の本願《ほんぐわん》信《しん》ずべし　本願《ほんぐわん》信《しん》ずるひとはみな　摂取不捨《せふしゆふしや》の利益《りやく》にて　無上覚《むじやうかく》をばさとるなり

（アミダさまの本願を信じるべきである。本願を信じる人はみんな、救い上げて捨てないというそのご利益のために、この上ない悟りの境地に達することができる）

像末五濁《ざうまちごぢよく》の世《よ》となりて　釈迦《しやか》の遺教《ゆいけう》かくれしむ　弥陀《みだ》の悲願《ひぐわん》ひろまりて　念仏《ねむぶち》往生《わうじやう》さかりなり

（仏法が衰える末法のひどい世の中となり、おシャカさまの遺した教えが隠れてしまっても、アミダさまの人々を救おうという悲願が広まり、念仏によって往生することが盛んとなるのである）

五十六億七千万《ごじふろくおくしちせんまん》　弥勒菩薩《みろくぼさち》はとしをへん　まことの信心《しんじむ》うるひとは　このたびさとりをひらくべし

（五十六億七千万年後に成仏するという未来仏のミロクさまはそれだけの年を経ておられる。本当の信心を得ている人は、このたび、そのおかげで悟りをひらくことだろう）

弥陀大悲《みだだいひ》の誓願《せいぐわん》を　ふかく信《しん》ぜんひとはみな　ねてもさめてもへだてなく　南無阿弥陀仏《なもわあみだぶち》をとなふべし

（アミダさまの人々を救おうという憐れみの誓いを、深く信じる人はみんな、寝ても覚めてもその違いなく、ナモワアミダブチととなえるべきである）

他力《たりき》の信心《しんじむ》うるひとを　うやまひおほきによろこべば　すなはちわが親友《しんう》ぞと　教主世尊《けうしゆせそん》はほめたまふ

（他力本願という信心を持つ人を、敬まって、大いに喜ぶならば、その人は私の親友であると救い主の仏さまは誉め讃えてくれる）

仏智《ぶちち》うたがふつみふかし　この心《しむ》おもひしるならば　くゆるこゝろをむねとして　仏智《ぶちち》の不思議《ふしぎ》をたのむべし

(仏さまの智慧を疑うことの罪は深い。このことを心に沁みて知ることができるならば、後悔することを専らにして、仏さまの不思議な力におすがりすべきである)

大慈救世聖徳皇《だいじくせしやうとくわう》　父《ち》のごとくおはします　大悲救世観世音《だいひくせくわんぜおむ》　母《は》のごとくにおはします

(聖徳太子はお父様のようだ。観音さまはお母様のようだ)

浄土真宗《じやうどしんしゆ》に帰《くゐ》すれども　真実《しんじち》の心《しむ》はありがたし　虚仮不実《こけふじち》のわが身《み》にて　清《しやう》浄《じやう》の心《しむ》もさらになし

（浄土真宗に帰依しても、真実の心というのを理解することは難しい。虚《こ》仮《け》であり、不実である我が身では、清浄の心というのはなかなかありえないのである）

悪性《あくしやう》さらにやめがたし　こゝろは蛇蝎《じやかち》のごとくなり　修善《しゆぜん》も雑毒《ざふどく》なるゆへに　虚仮《こけ》の行《ぎやう》とぞなづけたる

（悪い性質というものはなかなか矯正《きようせい》することができない。心はまるで蛇《だ》蝎《かつ》のようだ。善を行うということも、もろもろの害毒の一つだから、虚《こ》仮《け》の行いと名付けるのである）

小慈《せうじ》小悲《せうひ》もなき身《み》にて　有情《うじやう》利益《りやく》はおもふまじ　如来《にょらい》の願船《ぐわんせん》いまさずは　苦《く》海《かい》をいかでかわたるべき

（小さな慈悲の心もない我が身では、情けのあるご利益《りやく》は思うこともできない。如来さまの船がなければ、苦しみの海をいかに渡ってゆくことができようか）

かなしきかなやこのごろの　和国《わこく》の道俗《だうぞく》みなともに　仏教《ぶちけう》の威儀《ゐぎ》をもと丶して　天地《てんち》の鬼神《くゐじん》を尊敬《そんきやう》す

（悲しいことだ、この頃の我が国の道を知る人も知らない人も、仏さまの教えのありがたいことに気がつかず、天地のあらゆる鬼神を礼拝している）

よしあしの　文字《もんじ》をもしらぬひとはみな　まことのこゝろなりけるを　善悪《ぜんまく》の
字《じ》しりがほは　おほそらごとのかたちなり

（善し悪しという文字も知らない人々はみんな、真実の心を持つのに対し、
善悪という文字を知っているような顔つきの人々は、大きな嘘をついて
いるのである）

是非《ぜひ》しらず邪正《じやしやう》もわかぬ　このみ（身）なり　小慈小悲《せうじせうひ》もなけれども　名利《みやうり》に
人師《にんし》をこのむなり

（是非も知らず、邪正も知らないこの我が身である。小さな慈悲もなけれ
ば、名誉のために人の師となることを好むのである）

親鸞は、深く聖徳太子を信仰していました。その伝説的生涯を『皇太子聖徳奉讃』の和讃として七十五首作っています。そのうち、二首のみ。

いづれのよ（世）いづれのひと（人）か帰《くゐ》せざらむ　三宝《さんぼう》よりまつらずは　いかでかこのよのひとゞ〳〵の　まがれることをたゞさまし

（いずれの世のいずれの人を帰依させようか。仏法僧の三つの宝を奉らなければ、どのようにしてかこの世の人々の曲がっている心を直くすることができようか）

と（富）めるもの、うたえは　いし（石）をみづ（水）にいる丶がごとくなり
とも（乏）しきもの、あらそひは　みづをいしにいる丶ににたりけり

（富んでいる者の訴えは、石を水に入れるようなものだ。乏しい者の争いは、水を石に入れるようなものだ）

以下の和讃は、『大日本国粟散王聖徳太子奉讃』の連作として作られたもので、『皇太子聖徳奉讃』と同じように、聖徳太子の生涯を和讃の連作として物語ったものです。

その中から、片岡山で、飢えて倒れている人に太子が、御衣を脱いで与えたという伝説を一連の和讃としてうたった八首（太子の和歌、それに答えた返し歌を含む）。

かたをかやまのほとりにて　うへたるひとふしたりき　くろこまあゆまずとゞまれり　太子むまよりをりてこそ

（片岡山のかたわらに、飢えているひとが倒れていた。黒駒が歩かずに立ち止まったので、聖徳太子は馬から下りました）

うゑ人ふしたるそのうへに　むらさきのうへの御衣をとひておほいましくて　御歌《おむうた》をたまひてのたまはく

しなてるや　かたおかやまに　いゐにうへて　ふせるそのたび人　あはれおやなし

（飢えて伏しているその人の上に、御自分の紫の衣を取って覆いかぶせて、お歌を作って差し上げたその歌は「可哀想なものだ、片岡山に食べ物に飢えて、倒れている旅人は、哀れなものだ、親もいなくて」）

うゑ人かしらをもちあげて　御《おむ》かへりごとをぞたてまつる　あわれかなしき御ことかな　奉讃《はうさん》まことにつきがたし
いかるがの　とみのおがわの　たへばこそ　わがおほきみの　みなはわすれめ

（飢えた人は頭をあげて歌を返した。哀れで奥ゆかしいことで、奉讃は尽きがたいのである。その歌は「斑鳩《いかるが》のとみの小川の水が絶えようとも、あなたの名前は忘れられることがない」）

太子《たいし》みやにかへります　のちにうゑ人しにおわる　太子かなしみまし〳〵てはふりおさめおわします

（聖徳太子は宮殿に帰った。後に、飢えた人は死んだ。太子は悲しんで、その人を葬《とむ》らわせた）

うゑ人しにてそののちに　むらさきの御衣をとりよせて　もとのごとくに皇太子　著服してぞおはします

（飢えた人が死んでから、おやりになった紫の衣を取り寄せて、もとのように太子はご自分の服として着られた）

大臣已下の七人の　そしりあやしむことしげし　勅命をくだしましくて　ゆきて片岳をみるべしと

（大臣やそれ以下の人々七人は、それを誹《そし》って怪しく思うことしきりだったが、太子は彼らに、片岡山へ行ってみなさいと勅命した）

臣下ゆきてみるにかばねなし ひつぎはなはだかう（香）ばしく みなひとおどろきあやしみき まことにあだの人ならず

（臣下たちが行ってみると、屍《しかばね》がない。棺はとてもいい香りがして、人々はみんな驚き、不思議がった。まったくただの人ではなかったのである、と）

太子みやこにまし〳〵て きさきにかたらひおはします おゆあみみくしをあらわせて きよき御衣をぞきたまひし

（聖徳太子は宮殿にいらっしゃって、お妃さまと語られました。ご入浴なされて、きれいな衣裳を着られました）

解説——愚禿親鸞《ぐとくしんらん》は、こう語った

川村湊

(一)『歎異抄《たんにしょう》』の構造

1

『歎異抄』は、親鸞が語った言葉を、弟子の唯円《ゆいえん》が、その「耳の底に留《とど》む所」のものを記録したものといわれている。『福音書《ふくいんしょ》』がイエス・キリストの言葉を、プラトンの『対話篇《たいわへん》』が哲人ソクラテスの言葉を、『法句経《ほっくきょう》』が釈迦の言葉を、『論語《ろんご》』が孔子の言葉を、できる限り語られた通りに、正確に再現しようとした文書であるのと同じように、親鸞の肉声がそのままに記録されていると考えられたのである(ただ、それらの古代の先哲先賢の「古典」と違っているのは、親鸞が、その言葉を没後に記録され、編纂された『歎異抄』以外にも、『教行信証《きょうぎょうしんしょう》』など、自作の著述や和讃、消息《しょうそこ》文などを書き残しているということだ。

ただし、こうした伝承は現行のテキストとして残されている『歎異抄』とは、やや矛盾している。もっともポピュラーなテキストである岩波文庫本（金子大栄《かねこだいえい》・校注）を見ても、「序」に書かれてある唯円（の筆と考えられている）の文章にあるように、それが親鸞聖人の語った通りの聞き書きだとしたら、それは一章から八章まであって、それ以降の九章からは、明らかに唯円が親鸞と対話したり、その「聖人」の教えが、唯円が直《じか》に聞いたものとは明らかに異なってきていることを嘆き、それを批判したり、論駁《ろんばく》したりして、親鸞聖人の語った教説を、彼が祖述し、解釈し、敷衍《ふえん》している文章（「異義条々」）であることは明らかであるからだ。

いわば、前半の部分（一章〜八章）は、まさに親鸞聖人語録としての「聞書抄《ききがきしょう》」（「口伝抄《くでんしょう》」としてもよいのだが、浄土真宗の聖典には、別に『口伝抄』という独立したテキストがあり、紛らわしいので「聞書抄」とする）であり、後半の部分（九章〜十八章）こそが、本来の「歎異抄」と名付けられるべき部分なのである。だから、佐藤正英《さとうまさひで》氏の『〈定本〉歎異抄』のテキストのように、前半と後半を入れ替え、「序」や「後記」

や「奥付」を配置換えするという試みも成立しうるのである。

だが、現行のテキストの章の順序が書写した人物による恣意《しい》的なものであったとしても、もっとも古い書写本である蓮如《れんにょ》のテキストに従う限りは、そうした並び替えもまた恣意的に流れざるをえない虞《おそ》れがある。だから、この訳本では、従来の章段の順番や並べ方は、そのまま踏襲《とうしゅう》することにし、解釈（訳文）において、前半を「聞書抄」、後半を「歎異抄」として、内容的に歴然と二つのパートに分割されるように示してみることにした。

　このことによって、これまでの一般的な解釈とは、少々異なるところが出てくることになった。重要なのは、三章の末尾の「善人だにこそ往生すれ、まして悪人はと、おほせさふらひき（善え奴でさえ往生する、ましてや悪人が往生するいうのは当たり前のことやないかいな、といわはりましたんや）」の解釈である。この「おほせさふらひき」という言葉を唯円の書いた地《じ》の文と解することがこれまで一般的であって、それは「善人だにこそ往生すれ、まして悪人は」というのが、親鸞の語った肉声の言葉と解するためには、当然必要なことであった。ところが、僧侶であり仏教学者の増《ます》谷文雄《たにふみお》氏などによれば、この「おほせさふらひき」までを親鸞の言葉と解することによって、この前段の文章の発話者は、親鸞が「おほせさふらひき（おおせになりました）」と敬語を使う相手、すなわち法然《ほうねん》の語った言葉ということになるのである。そうすると、必然的にこの段の冒頭「善人なをもて往生をとぐ、いはんや悪人をや」という、親鸞の言葉としてもっとも有名なフレーズは、親鸞のオリジナルなものではなく、法然の言葉を引き写したものということになる。

『歎異抄』よりも前に成立したと見られている『法然上人伝記《ほうねんしょうにんでんき》』に、すでに「善人なほもつて往生す、いはむや悪人をやの事。口伝これあり」という文言があり、この悪人正機説《あくにんしょうき》のプライオリティが、法然にあることが判明している（千葉乗隆・訳注『新版・歎異抄』〈角川ソフィア文庫〉解説）。

つまり、一章から八章までを、「聞書抄」として、親鸞聖人が語った言葉を、そのまま再現し、末尾に「と、云々《うんぬん》」という唯円の地の文を付したのである。これらの章段では明らかに一人称としての「親鸞は」という主語が用いられており（「親鸞がまうすむね」「親鸞は、父母の孝養のためとて」「親鸞は弟子一人ももたずさふらふ」など）、この一章から八章までは、一定の形式（親鸞の直接の一人称の語りと、末尾の「と、云々」という唯円の地の文）に従った、一連のまとまった文章群と考えてよい。

九章と十三章は、唯円と親鸞との対話が差し挟まれた、いわば戯曲的構成の章段であって、これらの章のつながりについては錯簡《さっかん》（文章やページの入れ違い）の可能性も考えられる十章とともに、一章〜八章を一つのパート、そして、十一章〜十八章（十三章を除く）をもう一つのパートとすれば、この九、十、十三の三章は、例外的なものといってよいのかもしれず、あるいは三つ目のパート（「対話抄」）としてよいかもしれない。

だが、一章〜八章が、聞き書きとして、緊密なまとまりを示しており、また九章以降も、唯円が対話者として、あるいは異説に対する反論を行うものとして、やはり一貫したまとまりのあることを考えれば、『歎異抄』全体を、「聞書抄」と「歎異抄」との二つのパートに分けることは、内容的な必然性があると考えることができるだろう。「対話抄」は、九章、十三章、「後記」のなかに含まれる例外的なものと扱うことが、一番自然な『歎異抄』の構造の捉《とら》え方ということになる。

2

十章については、最初の「念仏には、無義をもて義とす。不可称、不可説、不可思議のゆへにと、おほせさふらひき（念仏ちゅうもんは、『〈何かを〉やろう』という作為性［＝義］なしに『やる』ということなんや。それを何かと呼ぶこともできんし［＝不可称］、説明することもできんし［＝不可説］、考えたり論じたりすることもできん［＝不可思議］もんや、と聖人はんはいわはりました）」という文章と、次の「そも〳〵かの御在生のむかし（そもそも親鸞聖人が関東や北陸の田舎におらはったとき）」以降の文章とのつながりが不自然であることは、すでに多くの『歎異抄』研究者によって、何度も指摘されていることだ。「そも〳〵」以降を、最初に親鸞聖人の布教以降に発生した「異義」の実例をあげ、それに対して、その異義の何たるかを簡潔に述べ、次にそれの駁論《ばくろん》を詳述してゆくというスタイルの、いわゆる「異義条々」の「序」に当たる文章であると考えることにおいて、これまでのほとんどの論者は一致している。

ただ、これを単なる錯簡として、十章を「念仏には……おほせさふらひき」というごく短い章段として、「そも〳〵」以下を、「異義条々」（私の言い方でいえば、狭義の「歎異抄」）の「序」として独立させるという考え方と、「聞書抄」と「歎異抄（異義条々）」を結びつけるために、あえてこうした構成にしたのだという考え方の立場とに分かれる。後者の場合は、蓮如が『歎異抄』を書写するまでに（親鸞没後）、約二百二十年以上も経過していることを考えれば、その間の書き写しの間違い、錯簡の可能性は十分にあることを考慮しない、テキスト絶対主義の旧套墨守《きゅうとうぼくしゅ》の立場であり、論理的に無理がある。

といって、前者の論法が、自分の解釈に都合の悪い部分や難解な部分について、それをすべて書写過程の間違いや錯簡に帰してしまうという恣意的な判断に陥《おちい》ってしまう虞れから免れているわけではない。

一章から八章までの「聞書抄」においては、「と、云々」という末尾が、唯円の書いた地の文であり、例外的な二つの章については、「と、おほせさふらひき」までが親鸞の言葉であり、その後に唯円の「と、おほせさふらひき（と、云々）」という丸カッコ内の部分が省略されたものと、一般的には解釈されてきた。とすると、十章の「と、おほせさふらひき」というのも、そこまでが親鸞の言葉だと解さなければ、論理が首尾一貫しないことになる。法然、あるいは一般的な「念仏」についての見解として「無義をもて義とす。不可称、不可説、不可思議のゆへに」と親鸞が引用的に用いた文章といわざるをえないのである。唯円が親鸞の言葉を伝え、「と、おほせさふらひき（とおおせになりました）」と敬語を使っていると解することは、この章だけが特別なものとなってしまい、前章で得た結論を瓦解《がかい》させてしまうこととなる。

ただ、別の考え方もある。それまで「と、云々」と省略形で書いてきたのだが、「聞書抄」の最後の十章については、こうした省略形を用いることなく、「と、おほせさふらひき」、すなわち、「親鸞聖人は、こうおおせになりました」と、省略することなく、書いたという判断である。「と、云々」という末尾は、いかにも手抜きの省略形という感じが強い。十章の最初の段落の末尾だけは省略せずに、「親鸞聖人、かく語りき」という、本来の形に戻したということである。

だが、『歎異抄』や『教行信証』を見る限り、親鸞は、とりたてて自分の思想のオリジナリティを主張することはなかったと思われる。というより、いかに自分の語ることが典拠《てんきょ》や先人の語ったことに忠実なものであって、自らの「はからひ（特別な考え方)」など、何一つとしてないか、を主張しているのである。「(法然上人は)念仏には、無義をもて義とす。不可称、不可説、不可思議のゆへにと、おほせさふらひき(と、親鸞聖人がおおせになったのを、唯円がうかがった)」と解することが、もっとも整合性がある考え方だと思われるのである。

この場合、あまりにも一章として短すぎ、まとまった「聞き書き」ともなっていないという難点がある。これが断簡《だんかん》(一部分だけ残った文書の断片)であり、本来はもっと長い文章の一部が、断簡として残されていたので、「歎異抄」の「序」と、いつの間にか結びつけられたのではないかという推測も成立するのだが、この場合は、『歎異抄』という一冊の書巻に二つの「序」があるということになってしまう。真名序《まなじょ》(漢文の序文)と仮名序《かなじょ》(かなの序文)の二つだとか、「後記」の錯簡として、片付けてしまうという考え方もあるだろうが、「聞書抄」にしても「歎異抄」にしても、筆者である唯円の手稿として考え、完成稿とは見なせないものであって、その構成や順列をあまり精緻《せいち》に考える必要のないものであると考えることも、一つの立場としてはありうるだろう。

いずれにしても、現行の『歎異抄』一巻のなかに、親鸞聖人の言葉をそのまま「親鸞は」という一人称の語りで記述したパートと、親鸞と唯円の対話形式で記述されているパート、唯円が聖人の教えの「異義」を歎異《たんに》し、それを正しい教えに引き戻そうとしているパートとの三つの層の異なるテキストがあり、それがともすれば、混同して考えられているということに対しての〝歎異〟が、『歎異抄』を貫くテーマといってよいのかもしれない。いずれにしても、『歎異抄』を親鸞自身のテキストとして読むことは、重々、慎重であらねばならないのである。

(二)『歎異抄』の思想

1

『歎異抄』の思想、すなわち、そこに表現されているはずの親鸞の思想を論じることより先に、その「構造」について語るというのは、どういうことなのか、という疑問が提出されるかもしれない。

しかし、『歎異抄』の思想というべきものは、実はその「構造」にあるのであり、親鸞はいわば語らないことによって、自分の思想を語っているといえるのである。

唯円という弟子が、折に触れ、先師である親鸞聖人の言葉を思い起こし、自分との問答や、他の弟子たちとの問答を思い起こして記録し、さらに同朋《どうぼう》のなかでも、先師の教説が知らず知らずに異なったものとして歪《ゆが》められてゆくことに対して、この古い門弟は、黙っていることができずに、やむにやまれぬ筆を執《と》った。こうした由来と構造を持つ『歎異抄』を親鸞の思想を表現したものとは捉えることはできない。そもそも、親鸞がその一人称の語りによって表明しているのは、親鸞自身には、何の「思想」もないということにほかならないからだ。

二章では、親鸞は「弥陀の本願まことにおはしまさば、釈尊の説教、虚言なるべからず。仏説まことにおはしまさば、善導の御釈、虚言したまふべからず。善導の御釈まことならば、法然のおほせそらごとならんや。法然のおほせまことならば、親鸞がまふすむね、またもてむなしかるべからずさふらう歟《か》（アミダはんのどんなしょうむない奴でも救うてやろういう本願がホンマやったら、おシャカさまのいわはったこともウソやあらへんやろし、おシャカさまがいわはったことを書いとるお経がホンマやったら、善導はんのいわはったことはウソやデタラメじゃあらへんやろし、善導はんがホントのことといわはったんなら、法然はんのいわはったこともホラではあらへんはずや。法然はんがいわはったんがホンマやったら、この親鸞がいうたことも、まったくのウソやホラではないはずや）」といっている。平たくいってしまえば、親鸞のいっていることは、阿弥陀如来や釈迦、善導、法然の考えたことの、いわば受け売りと言い直しであって、そこに親鸞自身の賢《さか》しらな考えなど一切入っていないことを主張しているのである。

つまり、親鸞にとっては、自分のオリジナルな思想とか、「はからひ」など一切ないのであって、すべてが法然―善導―釈迦―阿弥陀仏（の信仰）に帰趨《きすう》してゆくものにほかならなかったのである。これは法然の『選択本願念仏集《せんじゃくほんがんねんぶつしゅう》』や、親鸞の『教行信証』などの〝主著〟に見られる考え方であって、それは『阿弥陀経』や『無量寿経《むりょうじゅきょう》』や『観無量寿経《かんむりょうじゅきょう》』などの経文の厖大《ぼうだい》な引用群にほかならないのであり、自分の思想、自分の考え方という「自力《じりき》」を否定するための証文《しょうもん》集ということなのである。「専修念仏《せんじゅねんぶつ》」の考え方は、すでに法然の『選択本願念仏集』に詳細に証明されていることであって、親鸞はその念仏修行の道を、法然上人の後に従って、一心不乱に歩めばそれでよかったのである。浄土門である浄土宗から浄土真宗を打ち立てることなど、親鸞の考え方のなかには、ほとんど存在していなかったのである（浄土宗の内部の〝真宗《しんしゅう》〟ということである）。

二章で、さらに親鸞は、遠くから尋ねてきた人々に向かって、こういっている。「親鸞におきては、たゞ念仏して弥陀にたすけられまひらすべしと、よきひとのおほせをかふりて、信ずるほかに別の子細なきなり（この親鸞には、ただ『ナンマンダブ』と念仏して、アミダはんに救うてもらいなはれちゅう、法然聖人はんの教えてくれはったことを信じとるだけで、別に、ほかにはなあんにも仔細な理由はあらしまへん）」と。親鸞に思想といったもの（「別の子細」）などはない。そこにあるのは、いわば盲目的ともいえる「信ずる心」だけなのであり、オリジナルで、独創的な思想といったもの、そのものの否定にほかならないのである。

「他力本願《たりきほんがん》」という思想は、自力で親鸞によって生み出されたのではない。そうした考え方こそが、「他力」を否定し、「自力」を誇るものとなる。「他力本願」こそ、易《い》行道《ぎょうどう》としての「他力」を信じることによって、我々のような凡夫《ぼんぶ》に与えられたものなのだ。そこには、何の「自力」による思考や思想といったものも不要なのである。こうした「他力本願」の確信こそが、親鸞の思想ならぬ思想の核心だった。唯円が捉えていたのは、そうした「無思想」を貫こうとする親鸞という生きた信心の姿というテキストだったのである。

2

「専修念仏」の教え、すなわち、ただ「南無阿弥陀仏《なむあみだぶつ》」と仏を念ずることによって、阿弥陀如来がその菩薩行《ぼさつぎょう》のなかにおいて立てた「本願」――すべての生きとし生けるものが成仏《じょうぶつ》しないうちは、自分も如来となって成仏しないこと――が、自分において実現することを願う（祈る）というのが、念仏信仰そのものの考え方である。この時、個々人の賢しらな思想や考え方やイデオロギーは、何ら問題とはならない。ただ、ひたすら念仏すること。これが、親鸞が法然に「すかされまひらせて、念仏して地獄におちたりとも（だまされ、すかされて、念仏したおかげで地獄に堕《お》ちたとしても）」、後悔はしないといい切った信念の基《もと》にあった信仰なのである。もちろん、これは親鸞のオリジナルで、個性的な信仰でもなければ、独特の修行法でもない。親鸞は、その若い時期に、仏教修行のために比叡山《ひえいざん》に入山し、常行堂《じょうぎょうどう》（常行三昧《ざんまい》堂）において修行の日々を過ごしたのだが、そこでは不断念仏の修行は当然の如く日常的になされていたのであり、念仏信仰そのものは、比叡山の天台仏教にその淵源《えんげん》を持つものにほかならなかった。

ところで、親鸞の宗教精神の変遷の過程において、比叡山での堂僧としての修行や研鑽《けんさん》をできる限り軽く見ようとする傾向が真宗（公的な〝親鸞教〟）には強いようだが、比叡山での堂僧生活が、その後の親鸞の信仰において、きわめて強い否定的媒介となって、「専修念仏」の教義に踏み切らせたという精神的プロセスを、きちんと押さえておく必要があるだろう。

一二六二年の親鸞の死に踵《きびす》を接するように生まれた天台の学僧・光宗《こうじゅう》（一二七六年生）は、その「天台百科」と評される『渓嵐拾葉集《けいらんしゅうようしゅう》』のなかで、比叡山の常行堂における念仏修行の状況を描き出している。「常行堂天狗怖トシの事」と題される一章である。

示して云はく。山門常行堂衆。夏末に常行堂に於いて大念仏申す事あり。仏前にあつては如法に引声《いんじょう》す。後門《こうもん》にしてははねをどり。前無く後無く経を読む也。

是山門古老伝に天狗怖《てんぐおどし》と申す也。又僧侶等かくの如く戯論の事を識せば。天狗怖と申習したり。又物語して云はく。熊野山那智瀧衆引声念仏の時。正面法の如く引声す也。後門にては阿弥陀経を読む時は懺法《せんぼう》を読むには懺法の時。阿弥陀経を読み加へて。前無く後無く読む也。前は如くはねをどりげにやさばなむとうたふ也。是れ彼山の天狗怖と申習たり。

つまり、比叡山の常行堂の堂衆（常行堂で修行する僧）が、夏の大念仏の修行の時に、仏前では儀式通りに念仏を読んだのだが、後門（本尊を安置する仏前から離れた、いわゆる後戸《うしろど》）では堂衆たちが「はねをどり」、すなわち跳ね踊りを行い、また、阿弥陀経の経文を前後を取り替えてデタラメに読むという狼藉《ろうぜき》、あるいは乱痴気騒《らんちきさわ》ぎを行ったということである。これは「天狗おどし」という行事であって、堂衆が「跳ね踊り」、「げにやさばなむ（『現《げ》にや娑婆《さば》なむ』）、すなわち『ここが現実の世界なんだ』という意味であると、『「渓嵐拾葉集」の世界』〈名古屋大学出版会〉の著者の田中貴子氏は解いている）」と歌うことによって、修行の妨げにやってくる「天狗」を、そうした振る舞いによって〝怖《おど》す〟という意味を持ったものだというのである。

ここには、天台の座主・円仁《えんにん》が、中国からの修行の帰りの船のなかに現れたという「念仏」の守護神（障礙神《しょうがいしん》でもある）摩多羅神《またらじん》の面影を見ることも可能なのだが、こうした「天狗（魔）」や「守護神」が、比叡山では普通に信じられていたことを、この『渓嵐拾葉集』の文章は示していると考えることができる。

3

親鸞が比叡山の常行堂の堂僧として修行していた時代から、約百年ほど後に書かれた文書（『渓嵐拾葉集』）なのだから、親鸞が、比叡山に滞在時、このままの「天狗おどし」を体験しているかどうかの確証はないのだが、光宗が当時の「古老」から聞いたのだから、親鸞の常行堂滞在の時代にも、同じようなことが行われていたという蓋《がい》然性《ぜんせい》は高いと思われる。

親鸞を、近代的な合理主義者と考えることは誤《あやま》っている。念仏の修行の障礙となり、修行者たちの邪魔をする「天狗」や「魔」の存在を、当時の人々は、リアルに信じていた。とりわけ、念仏修行は、全身全霊を引声念仏《いんじょうねんぶつ》（声を出して念仏する）という行為・信仰に賭《か》けるために、そうした精神の隙間《すきま》を突いて、修行達成の邪魔をしようとする「天狗」や「魔」も多かったといわざるをえないのである。夏期の暑い盛りに、ひたすらに引声念仏する修行者たちのなかには、魔に憑《つ》かれたように精神錯乱や狂気に陥る者もいたに違いないのであり、それは肉体と精神をぎりぎりの限界にまで立ち至らせる、きわめて危険な修行法でもあったのである（現代まで比叡山で行われている千回廻峯《せんかいかいほう》などの荒行《あらぎょう》も同様である）。

「天狗」とは、そうした荒行に失敗し、仏敵となった脱落修行者、堕落僧のなれの果てにほかならない。彼らは、ただただ正法に目覚めようとする修行者に嫉妬し、その足を引っ張ろうと虎視眈々《こしたんたん》と、修行者の油断を狙っているのだ。

親鸞は、『教行信証』に、こう書いている。

> 首楞厳経《しゆりようごんきやう》にのたまはく。かれらの諸魔、かのもろ〳〵の鬼神、かれらの群邪また徒衆ありて、各々にみづからいはん。無上道をなりてわが滅度ののち、末法のなかにこの魔民おほからん。この鬼神おほからん。この妖邪おほからん。世間に熾盛《ししやう》にして善知識となりて、もろ〳〵の衆生をして愛見のあなにおとさしめん。

菩提のみちをうしなひ、諠惑無識《くゑんわくむしき》にして、おそらくは心《しむ》をうしなはしめん。所過のところに、そのいえ耗散《もうさん》して、愛見の魔となりて、如来の種を失《じち》せん。

（岩波文庫『教行信証』より）

親鸞が、比叡山から下山した理由は、つまびらかにはなっていないが、厖大な一切経を「学問する」ことの蓄積によって悟りをひらくことの不可能性に思い至り、心身を極限にまで追い詰めることによって悟りの境地に達するという極限的な方法にも、満ち足りぬ思いがしたからであろうということは、ほぼ間違いのないことだろう。どんなに「学問」をしても、厳しい「修行」を修めても、それだけで「極楽往生」の道を究めることはできない。こうした断念、諦念が、親鸞を比叡の山から下ろした大きな理由だったのである。

もちろん、このことは、親鸞が学問の蘊奥《うんのう》を極めることに手抜きをしたとか、激しい念仏修行に音《ね》を上げたといったことではないだろう。道元《どうげん》や法然や親鸞や日蓮《にちれん》がそうであったように、比叡山という学問と修行の場においては、もはや仏教の本質的な「往生」の道を会得《えとく》することは無理であり、別の、新しい仏教を見出すか、あるいは自らがその教えを編み出すかしなければ、到底、この末法の世の中において「往生」は叶わぬものであると彼らは、思い至らざるをえなかったのである。

彼らは、自分たちの悟りをひらくことの「邪魔」として、「天狗」や「悪魔」そのものが存在しているのと同時に、自らの「心」のなかに、そうした「天狗」や「悪魔」の存在することを認識せざるをえなかった。「心の魔」とでもいうべき、こうした「学問」や「修行」による到達への障礙は、障礙神であるからこそ、念仏の守護神でもある摩多羅神とか、山門や寺門の守護神である新羅明神《しんらみょうじん》、赤山明神《せきざんみょうじん》といった「神」たちの力によっても除去できるようなものではなかった。なぜなら、それは彼らの外側、外界にあるのではなく、自らの内側にあるものにほかならなかったからだ。「仏に帰依《きえ》せんものは、つゐにまたその余のもろもろの天神に帰依せざれ」という『教行信証』の言葉は、単に「神祇不拝《じんぎふはい》」ということを意味するだけではなく、「神（や、その逆の存在としての魔）」を信じることが、「成仏」や「往生」とは、結局は結びつかないものであることを意味しているのである。

親鸞が比叡山を下りたのは、「念仏者は無礙《むげ》の一道なり（念仏する者《もん》は、邪魔もんなしの一本道や）」ということが自得できたからである。「そのいはれいかんとならば、信心の行者には、天神地祇《てんじんぢぎ》も敬伏《きやうぶく》し、魔界外道《げだう》も障礙することなし（なんでやねんと問うなら、天の神さんも、地の神さんも、信心を行う者を、敬うてくれはるから。魔界の悪魔や鬼も、人をたぶらかす外道の連中も、邪魔することはできへんからなや）」と、『歎異抄』の七章にはある。外界にいる「天狗」や「悪魔」が、念仏の修行の邪魔をするのではない。その意味では比叡山の常行堂で行われている「天狗おどし」などには、意味がないのだ。「天狗」や「悪魔」が、その障礙となることもなく、ゆえに、その障礙を打ち砕く《くだ》神の守護なるものもない。ひとえに自らの「信心」の有り様にかかっているのであり、つまり、それは阿弥陀如来の「本願」を信じられるかどうか、その「本願」にすがるための念仏という方法を説いた善導や法然を信じ切るかということにかかっている。つまり、退治すべきなのは自らの「心の天狗」であり、「心の魔」であって、そうした「信心」こそが試されなければならないものなのだ。

ここに親鸞の固有の思想といったものはない。ただ、阿弥陀如来の「本願」という「他力」に頼ること。親鸞は、弟子を一人も持たなかっただけではなく、そもそも弟子に伝えるべき教え（思想）というものを持ってはいなかった。ひたすら、念仏するという一義の道を実践すること以外には、である。

若き親鸞（善信）は、比叡山を下りて京都にある六角堂（頂法寺《ちょうほうじ》）で百日参籠《さんろう》を行う。比叡山の延暦寺ではついに得ることができなかった「往生」への道の導きを、本尊である救世観音《くぜかんのん》の許《もと》で得ようとしたのである。親鸞には、日本の仏教の祖としての聖徳太子への信仰があったことは確かだが、この観音菩薩の化身とされる太子への信仰によって、親鸞は自分が進むべき道が、法然のとなえる専修念仏の浄土門であることをしっかりと自覚したのである。後に親鸞の妻の恵信尼《えしんに》は、娘の覚信尼《かくしんに》に宛てた消息（手紙）のなかで、親鸞が参籠して九十五日目に、聖徳太子の示現《じげん》する夢を見て、「往生」への道が法然の浄土門にあることを知って、法然のもとに通い詰めたと語ったと記している。

夢のなかでの転心という、いささか神秘主義めいたこの伝承も、親鸞が単なる近代的な合理主義者などではないことと、当時の神仏混淆《こんこう》（神仏習合）の宗教世界にあって（比叡山延暦寺の天台宗も例外ではなかった）、仏教信仰に純化する傾向を示したものととってもよいだろう。ただし、観音信仰や太子信仰が、仏教の純化であるといえるとすればの話である。明恵《みょうえ》の夢の記録を見るまでもなく、夢による神仏の示現という神秘主義的傾向は、中世人・親鸞にも色濃く残存していたと見なければならない。

近代人的思考方法によって、親鸞を見ようとする時、それは倉田百三《くらたひゃくぞう》の『出家とその弟子』のように、自らの「無信仰」の在り方を親鸞の「無思想」に投影するものとしかなりえない場合がしばしばなのである。

(三)『歎異抄』の対話

1

『歎異抄』で重要な教説は、プラトンの『対話篇』のように、親鸞と唯円との対話によって語られるという形式を取っている。弁証法《べんしょうほう》的といってもよい。九章には、念仏をして往生することができるといわれても、少しも「踊躍歓喜《ゆやくかんぎ》」の心が湧《わ》いてこないのはなぜかと、唯円が日頃の疑問を親鸞にぶつけている。すると親鸞は「親鸞もこの不審ありつるに、唯円房、おなじこゝろにてありけり（いやあ、この親鸞にもそないな不審があるんやけど、唯円房も同じ心やったのか）」と、受けるのである。

これは、法然の『選択本願念仏集』にあるように「『無量寿経』の下《げ》に云く、仏、弥勒《みろく》に語《つ》げたまはく、それかの仏の名号を聞くことを得ることあつて、歓喜踊躍し、ないし一念せむ。まさに知るべし、この人は大利を得たりとす。則ちこれ無上の功徳《くどく》を具足《ぐそく》す」（岩波文庫『選択本願念仏集』より）といった経文を前提としている。

称名念仏して往生ができるというのに、いくら念仏しても喜びが湧いてこない。本来ならば「歓喜踊躍し、ないし一念せむ」というところなのに、そんな気持ちにはとてもなれない。唯円は、『無量寿経』のそうした言葉に躓《つまず》いたのである。

それは煩悩《ぼんのう》があるからだと親鸞はいう。本当は喜ぶべきことなのだが、喜べないのはわれわれが「煩悩具足の凡夫」だからである。浄土はすばらしい所なのに、一瞬でも早く浄土へ行く（＝死ぬ）ことを願うという人はほとんどいない。いくら浄土がすばらしいからといって、住み慣れたこの世界を捨てて、浄土に生まれ変わろうという感情が湧いてこないのは無理からぬことであり、急いで浄土には行きたくないという哀れな人々こそ、阿弥陀如来は可哀想だと思い、命が終わった後に、浄土に迎えて下さるのである。

親鸞と唯円との対話は、このように進展してゆく。そこで親鸞は、往生ということが、即死ぬことであり、いかに念仏して往生を祈願《きがん》しようと、その現実的な心のなかでは、そうした往生を嫌っていることの矛盾を弁証法的に解き明かそうとしている。「往生」が死と同義である以上、人がそれを感情的に受け容《い》れることはありえない。親鸞は、自分の心に比しても、それを歓喜せよと語ることはできない。喜べないなら喜べないままに、念仏し、往生を願うことしかありえないではないか。親鸞が語っているのは、煩悩があり、「踊躍歓喜」できないからこそ、自分たちは救われているという逆説である。そこには、この世において、苦しむだけ苦しみ、悩むだけ悩むことによって、極楽往生を手に入れることができるという「信心」がある。救われようと信じるのではない。救われているからこそ、信じることができるのだという逆転が、そこにある。これは逆説ではない。躍《おど》り上がって喜ぶほどの歓喜が湧いてこない。こうした感情の事実から出発して、「他力本願」の教説を説くのが、親鸞の弁証法というべきものなのだ。

2

もう一つの「対話篇」は、十三章にある。ここでの親鸞は、やや挑戦的だ。ある時、親鸞は唯円にこう、問いかける。「唯円房はわがいふことをば信ずるか（唯円房は、ワシがいうことを信じるんか）」と。もちろん、唯円はすぐさまに「さんさふらう（もちろんですわ）」と答える。ここでは、親鸞は、イエスの、父なる神への信仰を試す悪魔のような役割を果たしている。「さらばいはんこと、たがふまじきか（そんならワシのいうことに絶対そむかへんか）」と、重ねて親鸞は問う。やや、不安と不審の面もちの唯円が、「つゝしんで領状まふしてさふらひしかば（つつしんで承知させてもらいますわ）」と答えると、親鸞は次に「たとへば、ひと千人ころしてんや、しからば往生は一定すべし（たとえばひとを千人殺せいうて、そしたら往生間違いなしやいうたらどうする）」というのである。

驚いた唯円は、「おほせにてはさふらへども、一人もこの身の器量には、ころしつべしともおぼへずさふらう（いわはることとやけど、一人かてワイの器量では殺すなんてことはできしまへん）」と、ようよう答える。すると、親鸞は、「さてはいかに親鸞がいふことを、たがふまじきとはいふぞ（ほんなら、さっきはなんで親鸞のいうことにそむきまへんいうたんや）」と、問い詰める。

もちろん、これは一種の言語ゲームにほかならない。「信心」というものは、善悪や倫理といったものを超えて存在するものであり、法然に「すかされて」地獄に堕ちることも厭《いと》わず、親鸞の命令に従って千人を殺し、悪業を犯して地獄への道をまっしぐらに進んでゆくことも、「信心」は、その極限まで押しつけるのである。

もちろん、親鸞は、盲目的で絶対的な服従や追随を求めているわけではない。人間が千人を殺すということも、一人も害することができないというのも、「業縁」によるものであって、善と悪のいずれも、自らの心から出てくるのではなく、「われらがこゝろのよきをばよしとおもひ、あしきことをばあしとおもひて願の不思議にてたすけたまふといふことを、しらざることをおほせのさふらひしなり（ワイらの自分の心で、善いことは善い、悪いことは悪いと思うことやなしに、願のフシギさに助けられておることを、知らずにいるちゅうことの教えなんやなあ）」と、唯円はその親鸞との対話の意味を解き明かしている。もちろん、これは「良い」ということも「悪い」ということも人の心が決めること、という相対主義を語っているわけではない。

善悪の判断や価値基準こそが、阿弥陀如来の絶対的な「本願」のなかに含まれているものであり、個々人の「心」による判断や倫理観や道徳観などは、こうした広大な阿弥陀如来の「願」の不思議さに較べれば、底の浅いものにほかならないのである。

これらの親鸞と唯円との「対話篇」によって明らかとなったのは、親鸞の弁証法的な思想の進め方であって、それは固定した、観念的な仏教思想と較べると一枚も、二枚も、皮の剝《む》けた思考方法であったということだ。

こうした『歎異抄』の思考形式は、親鸞の主著とされる『教行信証』などから受ける印象とは随分違っている。違っているというより、さまざまな経典や経文から厖大な引用を行うことによって、「専修念仏」の「阿弥陀信仰」を教条的に、学問的に解き明かしてみようとした『教行信証』と、〝生きている親鸞〟の肉声による説法を記録し、折に触れて、弟子たちとの「対話」のなかで示された親鸞の思想とは、私にとっては小さからぬ乖離《かいり》を孕《はら》んだものである。この二つはその思想の骨格や構造は似ているものの、やはり似て非なるものといわざるをえないところがある。それはまさに親鸞の思想（『教行信証』）と、親鸞の無思想（『歎異抄』）との乖離であり、距離なのである。

『歎異抄』にある、もう一つの戯曲的スタイルの文章も見てみよう。「後記」にある親鸞とその同朋たちとの論戦としての「対話」である。親鸞が「善信《ぜんしん》（親鸞の別名）が信心も聖人（法然のこと）の御信心もひとつなり（善信［親鸞はん］の信心も、聖人「法然はん」の信心もひとつや）」といったことに対して、誓観房《せいかんぼう》や念仏房《ねんぶつぼう》が、慢心した言い方だと反撥《はんぱつ》したのである。「いかでか聖人の御信心に、善信房の信心ひとつにはあるべきぞ（なんでやねん、聖人はんと善信房の信心がひとつのはずはないやろ）」と、同朋の修行者たちは、この尊大《そんだい》な弟子に反論したのである。

「聖人の御智恵、才覚ひろくおはしますに、一《ひとつ》ならんとまふさばこそ、ひがごとならめ、往生の信心においては、またくことなることなし、たゞひとつなり（聖人はんの御知恵や才覚は、それは広くていてはるさかい、ひとつや、いうたら間違いやけど、往生の信心ちゅうことに関してなら、まったく異なることなしや。同じひとつや）」と、親鸞は答えたのである。到底、決着がつかないと見た同朋たちは、師の法然の下で、この小癪《こしゃく》な弟子の親鸞をやり込めようとした。師の信心も、自分の信心も、同じ一つのものだと豪語するこの生意気な男の鼻を、師の裁可《さいか》でへし折ってやろうとしたのである。

だが、法然の裁可の言葉は意外なものであった。「源空《げんくう》（法然のこと）が信心も如来よりたまはりたる信心なり、善信房の信心も如来よりたまはらせたまひたる信心なり。されば、たゞひとつなり。別の信心にておはしまさんひとは、源空がまひらんずる浄土へは、よもまひらせたまひさふらはじ(源空〔法然〕の信心も、如来はんからいただいた信心や。善信房の信心も如来はんからいただかはった信心やさかい、ただひとつのもんや。別の信心ちゅうことをいわはる人は、源空が参るはずの浄土には、絶対に来やはらへんやろな)」と、師は弟子の親鸞の言葉を擁護したのである。阿弥陀如来の「本願」の前では、善人・悪人の区別も、老若男女《ろうにゃくなんにょ》の差別もないと説く浄土門としては当然の教えというべきだが、これほどはっきりと「言葉」として語られることは、同朋たちにとっても、あるいは親鸞にとっても意外なことであったのかもしれない。「法然聖人にすかされまひらせて」も、と語ったのは、師と弟子とのこうした一体感があったからである。

(四)『歎異抄』の末尾

1

蓮如本の『歎異抄』の写本には、その末尾に「流罪《るざい》目録」というものが付されている。後鳥羽院《ごとばいん》の時代に、興福寺の僧侶たちが、浄土門の法然たちを、その弟子の間に狼藉があるという理由で告発し、法然以下が、流罪や死刑になったという記事である。

それによると、法然ならびに弟子七人が流罪、また弟子四人は死罪となったという。この流罪組のなかに、親鸞こと藤井善信《ふじいのよしざね》、生年三十五歳がいて、越後の国に流罪となった。親鸞は僧侶から還俗《げんぞく》せねばならず、「禿《とく》」の字を姓として、愚禿親鸞と名乗るようになったのである。

この「流罪目録」は、従来の研究者にとっては付け足しという感じが強いらしく、岩波文庫本の校注者の金子大栄氏は「この親鸞の流罪の記録は、何の為に附記せられたかは明らかでない。写本の中には、この附記のないものもあるのである。今は底本に順《したご》うて編入した」と、きわめて素っ気ない態度で記している。『歎異抄』の研究家のなかでも、蓮如が別に所蔵していた記録文書が、『歎異抄』の筆写の際に紛れ込んで、その後の筆写のたびに「付け足し」として記録され続けたものと考えているらしく、これが『歎異抄』の末尾に付されていることに意味を見つけようとした試みの形跡はない（阿満利麿《あまとしまろ》氏にはそうした言及がある）。

しかし、私はこの「流罪目録」という受難の記録こそが、『歎異抄』という浄土真宗の聖典を成立させ、それを伝承し続けてきた原動力となったものであると考える。

法然以降の浄土宗、親鸞以降の浄土真宗の展開や発展は、今更いうまでもない。東西の二つの本願寺に分かれても、浄土真宗が親鸞の法灯《ほうとう》を継ぐ者たちの宗教集団として、現在に至るまで大きな力を持っていることは、特に専門家ならずとも周知の通りである。しかし、この本願寺派の浄土真宗が、その教祖である親鸞の教えとは、ほとんど無関係ともいってよい教説によって支配されているということも、『歎異抄』を一度でも繙《ひもと》いてみたことのある人には自明であるだろう。そもそも「親鸞は弟子一人ももたずさふらう」という教祖の下に、何千、何万という門徒が浄土真宗という教団として存立してきたことの不思議さ、あるいは矛盾を、日本の仏教者たちはもっと真剣に考えるべきである。それは、まさに一木一草に根付く天皇制信仰と結びついてゆくものだからである。

「親鸞は、父母の孝養のためとて、一返にても念仏まふしたること、いまださふらはず。そのゆへは、一切の有情はみなもて世々生々の父母兄弟なり（親鸞は、自分のオカンやオトンの供養のためには、いっぺんも『ナンマンダブ』と念仏をとなえたことはあらしまへん。なぜかちゅうと、一切の心あるもんは、これはこの世・あの世のオカンでありオトンであり、人間みんな兄弟やからや)」と語った教祖を持ちながら、「血脈」という世襲によって教団を支配してきた親鸞の子孫としての蓮如や大谷家。誰が見ても、浄土真宗という集団は、親鸞の教えに背馳《はいち》することによって、その法灯を継いできたと強弁《きょうべん》しているとしか考えられないのである。

『歎異抄』という文書が、〃生きている親鸞〃の教えをもっとも的確に表現したものであることを、浄土真宗という教団のなかでもっとも早く理解したのは、その中興《ちゅうこう》の祖《そ》である蓮如であっただろう。唯円という、当時ではすでに無名に近くなっていた直弟子の書き残した文書に意味を見出し、それに宗祖としての親鸞の身体化された思想を再発見したのは、単に『歎異抄』の写本を書写した人ということだけではなく、おそらく編纂人の役割を果たした蓮如その人だったのである。

「右斯聖教者為当流大事聖教也。於無宿善機無左右不可許之者也。(この聖教は、わが宗派の大事な聖教である。教えを信じる機縁のない者には、むやみにこれを読ませることを許してはならない。)」と蓮如が「奥書」を付したのは、もちろんこの親鸞の教え自体が、蓮如が作り上げようとしていた教団そのものを打ち壊すような破壊力を持ったものであることを彼が認識していたからである、それでいて、蓮如が現在残されている形での『歎異抄』を伝承させようとしたのは、彼はそれが親鸞の真実の教えであることを確信していたからであるだろう。蓮如がわざわざそうした「奥書」まで付しても、『歎異抄』を筆写したのは、これを決して秘匿《ひとく》し、秘密の書と化して、抹殺を図ろうとしたのでないことは明らかだ。集団の結束の維持のために都合の悪い文書ならば、ただちにそれを隠滅させてしまえばいいのであって、蓮如がそれだけの権力と権威を持っていたことは疑えない。それなのに彼が『歎異抄』を写本として後世に伝えようとしたのは、ひとえに「流罪目録」があったためと考えられるのである。

2

「流罪目録」が、法然とその弟子たちの受難の記録であることは間違いない。七十五歳という当時においては非常な高齢であった法然を土佐に流罪し、西意善綽房《さいいぜんしゃくぼう》、性願房《しょうがんぼう》、住蓮房《じゅうれんぼう》、安楽房《あんらくぼう》の四人は死罪となっている。専修念仏の教えを広めたというだけの罪としては、当時においても重罪だったといえるだろう。まさに浄土門、念仏衆の最大の受難といってよかったのである。

藤井善信、すなわち親鸞は一二〇七（承元元）年、三十四歳の年に越後の国に流罪となり、還俗させられて「非僧非俗」となり、その姓を「禿《とく》」として上奏し、認められ、以降は「愚禿親鸞」と名乗ることになる。だから、親鸞は流罪以後は仏教僧ではなく、そうした「非僧非俗」の愚禿親鸞が語った言葉やその振る舞いは、「僧」としてのそれではなく、ただ〝生きた人間〟としての愚禿親鸞の御物語《おんものがたり》にほかならないのである（ただし四年後の一二一一［建暦元］年に赦免《しゃめん》され、僧籍を回復することができたが、親鸞は「非僧非俗」の立場を易《か》えることがなかった）。

つまり、『歎異抄』とは、出家した僧侶としてではなく、〝生きた人間〟としての親鸞というテキストの伝承なのであり、それは仏典や経文やその解釈などの仏教書とは明らかに異なったレベルのテキストなのである。『歎異抄』には、明らかに経典とは異なった考え方、背馳した部分がある。たとえば、先にあげた『無量寿経』の「仏、弥勒に語げたまはく、それかの仏の名号を聞くことを得ることあつて、歓喜踊躍し、ないし一念せむ」という文章は、唯円と親鸞の躓きの石となったことはすでに述べた。ひるがえって考えてみれば、ここで親鸞と唯円は、経文に対して疑義をはさんでいるといえるのだ。

また、『選択本願念仏集』には「大念は大仏を見る」という経典の言葉が引用されており、これは十八章の「大念には大仏をみ、小念には小仏をみるといへるか（大きな声の念仏には大きなホトケはんを見て、小さな声の念仏には、小さいホトケを見るちゅうんかいな）」と、唯円によって否定的に語られていることなのである。つまり『歎異抄』は、経文の解釈という学問僧の勉学修行のものではなく、まさに〝生きた非僧非俗〟の存在としての愚禿親鸞の言行録なのであり、それは本来、聖語や聖典となるべきものではなかったのである。

伝承された親鸞の伝説であり、物語であり、それは聖典としての絶対的な権威を持つものではなかった。親鸞は強制的にその仏教僧としての資格を剝奪されており、僧としてではなく、一俗人として自分の信仰＝信心について語らざるをえなかった。その言行は断片的で、唯円という古参の弟子の、ある意味ではきわめて個人的で、不確実な記憶による記録が『歎異抄』なのである。それは「流罪目録」という親鸞や真宗門徒にとっての不名誉な記録と抱き合わせにすることによって、受難の記憶を、ひたむきの信心の一つの類《たぐい》ない例として、表現したものにほかならないのである。

そういう意味では、不安定な教説のテキストとしての『歎異抄』は、この「流罪目録」という文書が末尾に付されることによって、愚禿親鸞が、このように語らなければならなかったことの意味や理由を説明するものであって、決して、単に『歎異抄』に紛れ込んだ文書ではない。もちろん、それが唯円のまとめた『歎異抄』の本文の成立とは、時期的にも隔《へだ》たったものであり、筆録者が唯円以外の人物であろうことも論を俟《ま》たないことだろう。

だが、そうした伝承の過程も、文書としての性格も違うものを、蓮如という、親鸞の衣鉢《いはつ》を継いだ人物が、現在残されている『歎異抄』というテキストとして、編纂してみせたのである。そういう意味では、『歎異抄』は、親鸞と唯円と蓮如の合作ともいえるものだ。それは決して浄土真宗という宗派、教団の聖典としてではなく伝承されてきた、いわばきわめて私的な文書として、密かに読まれるべきものなのだ。『教行信証』の親鸞と、『歎異抄』の思想とは違う。くりかえしていうが、『教行信証』には仏教僧としての親鸞の「思想」があるが、『歎異抄』には親鸞の生き方としての「無思想」があるだけなのだ。これを意識と無意識との対立と考えてもよい。比類のない「非僧非俗」の人間・親鸞の「無思想」と「無意識」を生き生きと表現したものとして、『歎異抄』は、無限の価値を持っているのである。

なお、この私の『歎異抄』の現代語訳は、唯円がその「序」に「故親鸞聖人の御物語のおもむき、耳の底に留むる所、いささかこれをしるす」と書いているように、話し言葉としての親鸞の語りを、目に一丁字もない聞き手が聞いているという設定において、そのリライトを試みたものである。正確さを心がけるというより、どれだけ親鸞の言葉を、安易な、砕《くだ》けたものとして受け止めることができるかという実験といってもよい。親鸞が京都の出身であり、北陸、関東において久しく「他力本願」の教えを布教したという過程を考え、平易すぎると思われるまでに、嚙《か》み砕いた文章にしたつもりである(唯円も地方人であり、専門的に文章を書く人間ではなかった)。親鸞や『歎異抄』に対する冒瀆《ぼうとく》と取られるかもしれないが、私なりの親鸞の「無思想」を表現しようとしたつもりである。この「解説」がややくだくだしくなったのも、ひとえに私のこうした試みが、単なる「転合《てんごう》」の書として棄てられることを怖れたためである。

五木寛之氏をはじめとする『歎異抄』の現代語訳も、目につく限り参考としたが、それらにとらわれることなく、私なりの思い切った訳語、訳文となったことは、今更、ことわるまでもないだろう。

数多く書かれている親鸞論、『歎異抄』研究の類は今回はほとんど顧慮しなかった。『歎異抄』の本文のみを「私的」に読むことに徹しようとしたからである。

付録の「親鸞和讃抄」については、名畑應順校注『親鸞和讃集』(岩波文庫)所収のものを底本とし、春秋社版『親鸞全集』のものと校合した。表記、ふりがなについては、適宜、抄者が決定した。

親鸞・唯円関係年譜

※年齢は親鸞のもの（満年齢）

一一三三（長承二）年
法然、美作国（岡山県）に生まれる。

一一七三（承安三）年
親鸞、京都に生まれる。

一一八一（養和元）年　八歳
親鸞、出家し、比叡山に入る。

一一八二（寿永元）年　九歳
恵信尼、生まれる。

一一九二（建久三）年　一九歳
源頼朝、鎌倉幕府を開く。

一一九八（建久九）年　二五歳
法然、『選択本願念仏集』を著す。

一二〇一（建仁元）年　二八歳
親鸞、六角堂に参籠する。九五日目に聖徳太子の夢告を得て、法然の浄土門に入る。

一二〇五（元久二）年　三二歳
親鸞、『選択集』を書写する。善信と改名する。

一二〇六（建永元）年　三三歳
この頃、親鸞すでに妻帯し、長男善鸞が生まれていたか。

一二〇七（承元元）年　三四歳
法然門下の法難に逢い、法然は土佐へ、

親鸞は越後に流罪される。
一二一一（建暦元）年　三八歳
法然とともに流罪を赦免される。
一二一二（建暦二）年　三九歳
法然、没する（数え八〇歳）。
一二一四（建保二）年　四一歳
親鸞、妻子とともに常陸へ向かう。
一二二二（貞応元）年　四九歳
この頃、唯円、生まれるか。
一二二四（元仁元）年　五一歳
親鸞、『教行信証』を執筆する。覚信尼、生まれる。
一二三〇（寛喜二）年　五七歳
『唯信抄』を書写する。
一二三六（嘉禎元）年　六三歳
この頃、京都に帰る。

一二四〇（仁治元）年　六七歳
唯円、一九歳で親鸞のもとに弟子入りする。
一二四八（宝治二）年　七五歳
『浄土和讃』『浄土高僧和讃』を著す。
一二五一（建長三）年　七八歳
常陸の門弟の間で、教義に関する争論が起こる。
一二五三（建長五）年　八〇歳
長男・善鸞、関東へ赴く。
一二五五（建長七）年　八二歳
『聖徳太子和讃』を著す。
一二五六（康元元）年　八三歳
善鸞を義絶する。
一二六二（弘長二）年　八九歳
一一月二八日、親鸞、京都の善法院に

て没する。翌日、東山鳥辺野に葬られる。

一二六八（文永五）年

恵信尼、没する。

一二七二（文永九）年

覚信尼と門弟が、親鸞の墓所大谷廟堂（本願寺）を建てる。

一二八三（弘安六）年

覚信尼、没する。

一二八六（弘安九）年

この頃、『歎異抄』成立か。

一二八九（正応二）年

唯円、没か（数え六八歳）。

一二九四（永仁二）年

親鸞、三十三回忌。覚如、『報恩講式』を著す。

一四八五（文明一七）年

この頃、蓮如、『歎異抄』を書写する。

訳者あとがき

ある言語がわかる（使える）ということは、無意識的な部分や、不明瞭な部分においても〝何となくわかる〟ということであると思う。「アメユジュトテチテケンジャ（宮澤賢治・永訣の朝）」という東北弁が〝何となくわかる〟のは、母語として身についた日本語が、普段は使っていない無意識の部分まで、自分の身体に浸透するように染《し》みこんでいるからといってもよいだろう。古語や古文についてもそうだろう。それは、学んだことのない外国語のように、まったくわからないのではない。〝何となくわかる〟、しかし、それを明瞭に理解し、認識することは難しいのである。

親鸞の教えをまとめた『歎異抄』は、折に触れて、私たちに浸透してきているといってよい。「善人なをもて往生をとぐ、いはんや悪人をや」とか「親鸞は弟子一人ももたずさふらう」とか、聞き覚えているフレーズも少なくないはずだ。だから、私たちは親鸞のいう「他力本願」の思想を〝知っている〟。日本人で「ナムアミダブツ」あるいは「ナンマンダブ」という念仏を聞き覚えていない人はいないだろう（韓国語では「ナムアミダブル」ととなえる）。それだけで、親鸞は私たちの全員が、すでに「往生」への道の上にいるという。「他力本願」の教えは、決して難しいものではない。いや、難しいものであってはいけないのだ。勉学や修行の結果到達できるような「往生」であり、「浄土」であるならば、私たちは最初からそこから疎外されている。親鸞の説く「易行道《いぎょうどう》」は、まさに〝易しい〟〝アンキ〟な道にほかならないのである。

多くの『歎異抄』の現代語訳と称するものが、原文（本文）よりも難しいと感じるのは、私の理解力の欠陥のためだろうか。親鸞の口伝のコトバは、当時の人々にとって、もっと耳に残りやすい、わかりやすい、理解しやすいものであったに違いない。唯円は、特別な仏教的知識や教養のない人にもわかるように、〝易しい教え〟を説いた親鸞のコトバを、口語体のままに『歎異抄』に復元しようとしてみたはずだ。そうすると、その現代語訳は、まさに〝何となくわかる〟というレベルで、直接的に身体に染みこむように理解されるべきものでなければならないと思った。

関西弁は、私にとって非母語である。でも、母語としての日本語の領域内にあるものだ。正確であるよりは、当時の聴衆が、〝何となくわかる〟という程度で、『歎異抄』のコトバを聞いた次元を再現してみること。私が本書で試みたのは、そうしたことに尽きている。

もとより、仏教の研究者でもなければ、親鸞研究、『歎異抄』研究においてズブの素人である私が行えるのは、その程度のものでしかなかったというのが、本音のところである。語学にはさっぱり自信がない。現代語訳というのも一種の翻訳だから、しかるべき語学能力が必要とされるはずだ。それを知っていながら、エイヤッと断崖から飛び降りたのは、背中を押してくれた光文社古典新訳文庫の駒井稔編集長と、担当の佐藤美奈子さんがいたからである。そんな後押しがなければ、こんな〝罰当たり〟な仕事はしなかったはずだ。だが、親鸞聖人もいっている。「地獄は一定《いちぢやう》すみかぞかし」。お二人とともならば、地獄にも、涼しい風は吹いてくるだろう。「ナモワアミダブチ」ととなえれば、ほら、ここもすでに浄土である。

親鸞聖人七百四十七回忌年の八月十五日

川村 湊

光文社古典新訳文庫

歎異抄《たんにしょう》

著者 唯円《ゆいえん》 述 親鸞《しんらん》
訳者 川村《かわむら》 湊《みなと》

2009年9月20日 初版第1刷発行

発行者 駒井稔
印刷 慶昌堂印刷
製本 フォーネット社

発行所 株式会社光文社
〒112-8011東京都文京区音羽1-16-6
電話 03(5395)8162(編集部)
03(5395)8113(書籍販売部)
03(5395)8125(業務部)
www.kobunsha.com

ISBN978-4-334-75193-7 Printed in Japan

いま、息をしている言葉で、もういちど古典を

長い年月をかけて世界中で読み継がれてきたのが古典です。奥の深い味わいある作品ばかりがそろっており、この「古典の森」に分け入ることは人生のもっとも大きな喜びであることに異論のある人はいないはずです。しかしながら、こんなに豊饒で魅力に満ちた古典を、なぜわたしたちはこれほどまで疎んじてきたのでしょうか。

ひとつには古臭い教養主義からの逃走だったのかもしれません。真面目に文学や思想を論じることは、ある種の権威化であるという思いから、その呪縛から逃れるために、教養そのものを否定しすぎてしまったのではないでしょうか。

いま、時代は大きな転換期を迎えています。まれに見るスピードで歴史が動いていくのを多くの人々が実感していると思います。

こんな時わたしたちを支え、導いてくれるものが古典なのです。「いま、息をしている言葉で」――光文社の古典新訳文庫は、さまよえる現代人の心の奥底まで届くような言葉で、古典を現代に蘇らせることを意図して創刊されました。気取らず、自由に、心の赴くままに、気軽に手に取って楽しめる古典作品を、新訳という光のもとに読者に届けていくこと。それがこの文庫の使命だとわたしたちは考えています。

このシリーズについてのご意見、ご感想、ご要望をハガキ、手紙、メール等で文芸編集部までお寄せください。今後の企画の参考にさせていただきます。
メール　info@kotensinyaku.jp

光文社古典新訳文庫　好評既刊

箱舟の航海日誌

ウォーカー
安達 まみ 訳

神に命じられたノアは、箱舟を造り、動物たちと漂流する。しかし、舟の中に禁断の肉食を知るスカブがいたため、平和だった動物たちの世界は変化していくのだった—。

プークが丘の妖精パック

キプリング
金原 瑞人
三辺 律子 訳

二人の兄妹に偶然呼び出された妖精パックは、魔法で二人の前に歴史上の人物を呼び出し、真の物語を語らせる。兄妹は知らず知らずに古き歴史の深遠に触れていく—。

新アラビア夜話

スティーヴンスン
南條 竹則
坂本あおい 訳

ボヘミアの王子フロリゼルが見たのは、「自殺クラブ」での奇怪な死のゲームだった。「ラージャのダイヤモンド」をめぐる冒険譚を含む、世にも不思議な七つの物語。

宝島

スティーヴンスン
村上 博基 訳

「ベンボウ提督亭」を手助けしていたジム少年は、大地主のトリローニ、医者のリヴジーたちと宝の眠る島へ。だが、コックのシルヴァーは、悪名高き海賊だった!（解説・小林章夫）

木曜日だった男　一つの悪夢

チェスタトン
南條 竹則 訳

日曜日から土曜日まで、七曜を名乗る男たちが巣くう秘密結社とは? 幾重にも張りめぐらされた陰謀、壮大な冒険活劇が始まる。奇想天外な幻想ピクニック譚!

光文社古典新訳文庫　好評既刊

芸術の体系
アラン
長谷川宏　訳
ダンスから絵画、音楽、建築、散文まで。第一次世界大戦に従軍したアランが、戦火の合い間に熱意と愛情をこめて芸術を考察し、のびのびと書き綴った芸術論。

永遠平和のために／啓蒙とは何か　他3編
カント
中山元　訳
「啓蒙とは何か」で説くのは、その困難と重要性。「永遠平和のために」では、常備軍の廃止と国家の連合を説いている。他三編をふくめ、現実的な問題を貫く論文集。

永続革命論
トロツキー
森田成也　訳
自らが発見した理論と法則によって、ロシア革命を勝利に導いたトロツキーの革命理論が現代に甦る。本邦初訳の「レーニンとの意見の相違」ほか五論稿収録。

善悪の彼岸
ニーチェ
中山元　訳
西洋の近代哲学の限界を示し、新しい哲学の営みの道を拓こうとした、ニーチェ渾身の書。アフォリズムで書かれたその思想を、肉声が音楽のように響いてくる画期的新訳で！

道徳の系譜学
ニーチェ
中山元　訳
『善悪の彼岸』の結論を引き継ぎながら、新しい道徳と新しい価値の可能性を探る本書によって、ニーチェがはじめて理解できる決定訳！ニーチェの思想は現代と共鳴する。

光文社古典新訳文庫　好評既刊

黒猫／モルグ街の殺人
ポー
小川高義 訳

推理小説が一般的になる半世紀前、不可能犯罪に挑戦する探偵・デュパンを世に出した「モルグ街の殺人」。現在もまだ色褪せない恐怖を描く「黒猫」。ポーの魅力が堪能出来る短編集。

そばかすの少年
ポーター
鹿田昌美 訳

大人でさえ恐怖をいだく森と沼地。孤独や厳しい自然と闘いながら、森を守る少年「そばかす」は逞しく成長していく──二十世紀初頭の伝説のベストセラー！（解説・信岡朝子）

鹿と少年（上・下）
ローリングズ
土屋京子 訳

フロリダ半島の荒地を開墾するバクスター一家。少年ジョディはフラッグと名づけた仔ジカと楽しく過ごすのだが…。生きることの厳しさを描いたピュリッツァー賞受賞作。（解説・松本朗）

野性の呼び声
ロンドン
深町眞理子 訳

犬橇が唯一の通信手段だったアラスカ国境地帯。橇犬のバックは、大雪原を駆け抜け、力が支配する世界で闘ううちに、やがてその血に眠っていたものが目覚めはじめるのだった。

白い牙
ロンドン
深町眞理子 訳

飢えが支配する北米の凍てつく荒野。人間に利用され、闘いを強いられる狼「ホワイト・ファング（白い牙）」。野性の血を研ぎ澄ます彼の目に映った人間の残虐さと愛情。（解説・信岡朝子）

光文社古典新訳文庫　好評既刊

鼻／外套／査察官

ゴーゴリ
浦　雅春　訳

正気の沙汰とは思えない、奇妙きてれつな出来事。グロテスクな人物。増殖する妄想と虚言の世界を落語調の新しい感覚で訳出した、著者の代表作三編を収録。

ワーニャ伯父さん／三人姉妹

チェーホフ
浦　雅春　訳

棒に振った人生への後悔の念にさいなまれる「ワーニャ伯父さん」。モスクワへの帰郷を夢見ながら、出口のない現実に追い込まれていく「三人姉妹」。人生の悲劇を描いた傑作戯曲。

初恋

トゥルゲーネフ
沼野　恭子　訳

少年ウラジーミルは、隣に引っ越してきた公爵令嬢ジナイーダに恋をした。だがある日、彼女が誰かに恋していることを知る…。著者自身が「もっとも愛した」と語る作品。

知への賛歌　修道女ファナの手紙

ソル・ファナ
旦　敬介　訳

詩こそが最高の文学だった十七世紀末に世界で最も愛された詩人。彼女の思想を明快に表現した詩と二通の手紙を、詳細な解説とともにまとめたわが国初の試み。

故郷／阿Q正伝

魯　迅
藤井　省三　訳

定職も学もない男が、革命の噂に憧れを抱いた顚末を描く「阿Q正伝」など代表作十六篇。中国近代化へ向け、文学で革命を起こした魯迅の真の姿が浮かび上がる画期的新訳登場。

光文社古典新訳文庫　好評既刊

八十日間世界一周（上・下）
ヴェルヌ
高野 優 訳
謎の紳士フォッグ氏は、八十日間あれば世界を一周できるという賭けをした。十九世紀の地球を旅する大冒険、極上のタイムリミット・サスペンスが、スピード感あふれる新訳で甦る！

恐るべき子供たち
コクトー
中条 省平
中条 志穂 訳
十四歳のポールは、姉エリザベートと「ふたりだけの部屋」に住んでいる。ポールが憧れるダルジュロスとそっくりの少女アガートが登場し、子供たちの夢幻的な暮らしが始まる。

ちいさな王子
サン=テグジュペリ
野崎 歓 訳
砂漠に不時着した飛行士のぼくの前に現われた不思議な少年。ヒツジの絵を描いてとせがまれる。小さな星からやってきた、その王子と交流がはじまる。やがて永遠の別れが…。

海に住む少女
シュペルヴィエル
永田 千奈 訳
大海原に浮かんでは消える、不思議な町の少女の秘密を描く表題作。ほかに「ノアの箱舟」、イエス誕生に立ち合った牛を描く「飼葉桶を囲む牛とロバ」など、ユニークな短編集。

オンディーヌ
ジロドゥ
二木 麻里 訳
湖畔近くで暮らす漁師の養女オンディーヌは騎士ハンスと恋に落ちる。だが、彼女は人間ではなく、水の精だった―。「究極の愛」を描いたジロドゥ演劇の最高傑作。

光文社古典新訳文庫　好評既刊

赤と黒（上・下）

スタンダール
野崎　歓　訳

ナポレオン失脚後のフランス。貧しい家に育った青年ジュリヤン・ソレルは、金持ちへの反発と野心から、その美貌を武器に貴族のレナール夫人を誘惑するが…。

椿　姫

デュマ・フィス
西永　良成　訳

青年アルマンと出会い、初めて誠実な愛に触れた娼婦マルグリット。華やかな生活の陰で彼女は人間の哀しみを知った！　著者の実体験に基づく十九世紀フランス恋愛小説の傑作。

マダム・エドワルダ／目玉の話

バタイユ
中条　省平　訳

私が出会った娼婦との戦慄に満ちた一夜の体験「マダム・エドワルダ」。球体への異様な嗜好を持つ少年と少女「目玉の話」。三島由紀夫が絶賛したエロチックな作品集。

消え去ったアルベルチーヌ

プルースト
高遠　弘美　訳

二十世紀最高の文学と評される『失われた時を求めて』の第六篇。著者が死の直前に大幅改編し、その遺志がもっとも生かされている〝最終版〟を本邦初訳！

狂気の愛

ブルトン
海老坂　武　訳

難解で詩的な表現をとりながら、美とエロス、美的感動と愛の感動を結びつけていく思考実験。シュールレアリスムの中心的存在、ブルトンの伝説の傑作が甦った！

★続刊

訴訟　カフカ／丘沢静也・訳

銀行員ヨーゼフ・Kは、ある朝とつぜん逮捕される。なぜなのか、何の裁判なのかまったくわからないまま、窮地に追い込まれていく……。従来のおどろおどろしく深刻ぶった『審判』から脱却、「軽やかで明るい」カフカをめざした画期的新訳。

ジーキル博士とハイド氏　スティーヴンスン／村上博基・訳

高潔温厚な紳士ジーキル博士と、邪悪な冷血漢ハイド氏。善と悪に分離する人間の二面性を追求した怪奇小説の傑作が、名手による香り高い訳文で甦った。十九世紀ロンドンの闇のなかで、恐怖と謎解きが畳み掛けるように展開する！

貧しき人々　ドストエフスキー／安岡治子・訳

ペテルブルグの小心で善良な小役人マカールと、孤独に生きる薄幸の乙女ワーレンカ。不幸ゆえに惹かれ合い、貧しさのために引き裂かれる愛の物語が、二人の往復書簡で語られる。人間心理の葛藤を赤裸々に描いた、著者二十四歳の処女作。